Reinhard Buthmann

Eingesät der Sonne Samen

Für Anke

Reinhard Buthmann

Eingesät der Sonne Samen

Gedichte

Bibliografische Information der Deutschen Nationalbibliothek:
Die Deutsche Nationalbibliothek verzeichnet diese Publikation
in der Deutschen Nationalbibliografie; detaillierte bibliografi-
sche Daten sind im Internet über dnb.dnb.de abrufbar.

Verlag:
BoD · Books on Demand GmbH, In de Tarpen 42,
22848 Norderstedt, bod@bod.de
Druck:
Libri Plureos GmbH, Friedensallee 273, 22763 Hamburg

ISBN: 978-3-7597-5881-1

Zum Geleit

Die hier vereinten, während eines halben Jahrhunderts entstandenen und bislang nicht erschienenen Gedichte atmen die Sehnsucht nach Freiheit, Liebe und Unabhängigkeit. Es sind dialogische Sprachbilder in meist freier Rhythmik, die in der Mehrzahl getragen, ja, laut gelesen werden wollen. In das Genre der Musik übertragen, hieße, sie dem Blues zuschreiben zu müssen. Dieser Grundton, in der DDR-Zensur hieß er abwertend „priesterlich", ist lediglich – in einer Art von Hard Rock – für die politische Lyrik ausgesetzt. Dem kulturellen respektive politischen Mainstream folgte meine Lyrik nur bis zur Biermann-Krise und dem damit verbundenen Austritt aus der Sozialistischen Einheitspartei Deutschlands (SED) 1978. Seither sind sie anarchisch, sie verweigern sich jedem Herrschaftsmodell. Denn der Mensch sollte sich nur Gott unterwerfen, und tut er es, oder noch besser: kann er einfach nicht anders, dann ist er auch gefeit gegen alle Ideologien, ob in roter, brauner oder grüner Einfärbung, wasmaßen auch erklärt, warum Gott weithin von den Herrschenden gefürchtet wird. Die Kristallisationskerne der Sprachbilder sind allermeist Eingebungen, geschenkt jenseits des Schreibtisches in der Stille einsamen Wanderns, wie beispielsweise die Verse: *Quer liegt meine Bahn/im schlagenden Meer* im Gedicht „Flieht das Abendlicht" oder *Eingefroren knospet der Stein* im Gedicht „Steinrosenlicht".

Die ersten beiden Kapitel des Bandes – „Wenn nur ich dich liebe" und „Mondin, tauchtest hinab" – erzählen von der Liebe, der erfüllten wie der unerfüllten. Im Kapitel „Welt ohne Lärm" ist das Herrliche, das Hochgebirgswandern, die Erfahrung der Stille und das dionysische Erleben eingefangen, während das darauffolgende Kapitel, „Ein Unland, müd", der Verschandelung der Natur klagenden Ausdruck gibt. Das fünfte Kapitel, „Prenzelberg", spricht vom Ethos und von der Mission des Dichters, das sechste, „Falbe Wasser", von der

Geworfenheit des Menschen in Krisensituationen. Das siebte Kapitel, „Freiheit?", erzählt von der Abwehr der Allmacht des Staates. Das achte Kapitel, „Des Lebens eigen Reigen", ignoriert die Machtausübungslust der Herrschenden mit der nahezu einzigen Möglichkeit, der Kunst. Schließlich verlässt das neunte Kapitel, „Auch du bist ein Baustein", das weltliche Leben und strebt dem Himmel zu, der im ersten Kapitel, „Wenn nur ich dich liebe", schon anklang. So vollendet sich letztlich der Bogen vom Eros hin zur Agape. Ein Weg, der für uns nur über den Umweg der immer auch schmerzlichen Welterfahrung möglich ist.

Editorische Hinweise:

Verszeilenumbrüche wie *Ver-/Schenkte* in „Die Rose", siehe S. 38, sind immer gewollt.

Ebenso gewollt sind nicht standardgemäße Abstände zwischen Verszeilen wie *Ich rieche, ich atme/Dich* in „Reißender Strom", siehe S. 65.

Zitate in Gedichten sind – nicht aber die einigen Gedichten vorangestellten Widmungstexte – an der Designerschriftart Freestyle Script zu erkennen. Diese sind in den Anmerkungen auf den Seiten 239–243 quellenmäßig aufgeführt.

Die Schwärzungen im Gedicht „Ekel" auf S. 93 stammen vom Verfasser. Nicht jede Wahrheit ist sittsam.

Grundsätzlich gilt für den Dichter, dass die Freiheit auf eigene Wort- und Rechtschreibschöpfungen besteht.

Wenn nur ich dich liebe

„Das Glück bedeutet Verwurzelung in der Liebe"

Johannes Paul II.

Sage es
2002

Sage,
Du sehnst dich
Nach Liebe nur.
Nach Liebe nur,
Sehnst du dich.

Sage,
Du träumst dir
Ein Getragensein.
Ein Getragensein,
Träumst du dir.

Sage,
Nur dies,
Nur dies.
So sage es!

Glas, Sinn und Urteil
2003

Ich bin dir dein Glas,
Wer denn schon, spricht rückwärts wie du?
Ich bin dir dein Sinn,
Wer denn schon, träumt sich wie du?
Ich bin dir dein Urteil,
Wer denn schon, legt sich aus wie du?

Ich aber bin,
So,
Als Glas, als Sinn, als Urteil,
Mehr als sonst,
Durch dich.

Lettze Wanderung
2005

Sanssouci:
Als ich fortging
Und Abschied nahm,
Der Spur auf dem See folgte,
Noch einmal
Das braune Laub roch,
Den gestürzten Baum sah, und
Seiner einer allein nicht,

Da wusste ich noch nichts,
Vom längst gefallenen Los.

Genua
2009

Sage,
Gehst du mit mir nach Genua,
Die Salita della Battistine hinunter,
Ins enggegasste Hafenviertel?
Ein schmales hohes Zimmer, neun
Euro die Woche:
Ein Stuhl, kein Tisch,
Ein Bett, eine Tasse, zwei Löffel,
Kein elektrisches Licht. Da
Eingekugelt auf Jahre
Stoßen wir den Dreck
Aus unseren Leibern,
Den Schmerz
Zurück, hoch,
Hin in den Norden.

Siehst Du das Boot
Unten am Meer, die Jungen dort,
Das Mädchen? Und sag,
Ist es nicht der Alte von nebenan,
Der ihr liest dies Gedicht?

Chiavenna II: Die drei Alten und ich
2009

In Liebe bei dir, sagtest du,
Jahre danach, Engelworte.
Die drei Alten, an meinem alten
Orte des Abschieds,
In der Bar Porero Diavolo,
Sie sitzen immer noch dort,
So scheint es. Und warten,

Doch worauf?
Haben sie Träume gelebt,
Wie ich? Gingen sie
In Erfüllung, oder blieben sie
Im Himmel stecken?

Ein Warten
Auf nichts, so scheint's,
Doch die Engel,
Sie wissen es besser.

Garten Chiavenna
2009

Die Stille dort, einsam
Die Wege hinauf,
Gewundene Steige,
Artiger Schatten Arten.

Der Stein unterwegs,
Deine Musik daheim,
Die Figur dort,
Du!

In der Stille
2009

Die Figur in Stein
Gibt mir die Ruhe, und
Der Stein von unterwegs,
Ist wie deine Musik
Von daheim.

Mir genügt dies.

Märzmorgen III
2009

Als du deinen Wein
An meine Mauern schlugst,
Wo unweit einst du
Lächeltest mir deine Lust,
Dein Licht mich hellte,
Deine Sonnenglut ich trank und sich
Der Raum neu entwarf,
Die Brücke wuchs,
Der traurige Glanz deiner Augen
Mir die offene Pforte wies, –
Da plötzlich flossen die
Übereinander hängenden Schalen über
Vom Wasser der Sehnsucht,
Wich der Schmerz endlich,
Der jahrzehntelange.

In deinem Garten, Antonia,
Verspielt ich spiele,
Verträumt ich träume.

Was Liebe ist,
Macht anderes nicht und nimmer.
Liebkost du deinen Wein?

Neumond

2009

Weh, gehst du zurück, zu ihm?
War diese Leere plötzlich,
Diese eine Stille, stille
Totenstille, still wie Frost,
Als du gegangen warst,
Deine Stimme mit dir nahmst,
Dein Lachen,
Fort, fort –
Die ersten Küsse,
Neumond war.

Nie hatte ich tiefer geliebt,
Nie war mir die Stille so tief
Und still.

Und still.
So still.

Sehnsucht Martigny
2009

Schade, dass wir nicht
Leben gelernt, Leben lernten.
Schade, dass wir nicht
Muße gelernt, Muße lernten.
Schade, dass wir nicht
Trauben und Tauben
Zu küssen lernten.

Jetzt in Martigny sein,
Antonia, mit dir,
Wie einst, als ich dich sah,
Hier, bei mir,
Als wir waren
Noch Zwei
Und nicht Eins.

St. Laurentii

2009

Versunken die Zwei
Im Hauch des roten Apfels.
Ihre Hand ist's,
Die ihn hält,
Am alten Kirchturm da,
Schlagregentrotzender,
Seit uralten Zeiten.
Vom süßen Duft des Glücks
Berauscht, schenkt er den beiden
Seinen Atem. Sie lassen es zu.

Als wir hernach erwachten, –
Die tiefen dunklen Schluchten
Waren geflohen,
Denen wir entkamen und
Unsere Einsamkeit verdankten –,
Da standest du auf,
Lächelnd,
Kamst zu mir und reichtest
Mir deinen roten Apfel.

Das Gesicht
2009

Läuteten die Glocken,
Abends. Er hielt, als wäre es
Ewig schon her, ihr Gesicht
In seinen Händen.
Da trat ihre Seele hervor,
Legte sich auf sein Gesicht,
Nahm seine Lippen,
Augenbrauen, Nase,
Nahm seine Stirn.

Ihr Atem war sanft.
Läuteten die Glocken,
Morgens.

Lasse die alten Worte

2009

Lasse die alten Worte bersten,
Die ich fand in deinem Herzen,
Will sie neu dir pflücken,
Küssen, schmecken, schmücken.

Ins Namenlose

2009

Gedacht, ja, dachte ich,
Dass es gelingt,
Namenlos zu achten.
Aber ach!,
Da kannte ich Gott noch nicht.

Über Nacht erhielt
Alles seinen Namen
Zurück, auch du,
Und nun:

Das Gebirge, heißt Antonia.
Der Fluss, heißt Antonia.
Der Baum, heißt Antonia.
Der Vogel, heißt Antonia.
Die Kirche, heißt Antonia.
Die Blume, heißt Antonia.
Die Wolke, heißt Antonia.
Das Land, heißt Antonia.

Danke, Gott!

Unberührt
2009

War nie berührt,
So tief gefühlt.
War nie schwanger,
Hatte Kinder.

Das Mysterium:
Sie gehörte mir!

Póros I
2009

Tugendschön,
Zulassen, einfach so,
Raffinesse, Esprit.
Deine Beine im Abendlicht
Aíginas. Amüsement.
Oleanderlichtflügel.
Perlmuttglanz schimmerte
Zwischen deinen Lippen,
Das pastellfarbene Kleid,
Leichthin verschoben
Vom Hauch des Windes.

Póros II

2009

Noch schmeckte ich das weiße
Salz unter deinem Kleide
Nicht, sah nicht die un-
Sichtbaren Linien, die
Mich dich ahnen ließen, die
Mir dich zeichneten in den
Heißen Sand der Träume.
Saßest tugendschön im
Hellen Blau des Lichts,
Anemone blanda.

Ich sah das Licht, das aus den
Weißen Häusern quoll, als die
Weißen Vögel auf hellblauen
Katzen saßen, die weißen
Windmühlen Licht zu Schaume
Haushoch schlugen.

Und als das weiße Salz meine
Lippen blendete, meine Ohren
Im Rausche deiner Zunge verglühten,
Da erst lachten mir
Die unsichtbaren Linien zu,
Wie Mauve.

Lohme
2010

Die Zufriedenheit verpasst?
Der Begierde gefolgt?
Die Wahrheit gefunden?
Lohme, ein Neumond.

Die Stille war laut,
Im Windlicht verbrannten Tränen,
Der Glockenturm schien gebrochen.
Rilke war da. Und sprach:

Du wirst Mystiker sein,
Glaubst gegen die Wirklichkeit,
Glaubst der Liebe!
Lohme, ein Neumond.

So geschah es.

Im Licht der Liebe
2011

> ... und lauschen dem nächtlichen
> Flüstern des Baches im Tal.
>
> Khalil Gibran: Das Leben der Liebe

... die beiden,
Verschlungen im Strudel
Unstillbarer Sehnsucht.
Spät.

Vom Licht der Liebe
2011

Die Liebe lacht,
Das Licht eine
Volltrunkene Sonne,
Die Wahrheit klar.

Klar!

Hell ist die Liebe
Wie das Licht der
Wahrheit,
Wahrheit ist das
Licht der Liebe.

Einfach sagen
2012

Ich kann es
Einfach sagen.

Das eine Wort.

Das eine Wort
Heißt:

Liebe nur!

Zypressenlicht
2012

Ich: lachte dich an, lachte
Dich an, küsste
Dein Ohr, küsste
Dein Ohr.

Dreimal wirst du geboren sein,
Dreimal sterben, küsste
Dein Ohr, lachte
Dich an.

Alle Herrlichkeit

2012

Du besitzt alle Herrlichkeit
Dieser Welt, das Stille,
Die Blumen, das Zarte,
Das Feine, das Anmutige,
Die heiße Liebe.

All dies hast du
Über deinen Winter gebracht.

Dein Mantel
2014

Deine Verdunklung
Ist meine,
Ist meine Nacht.
Deine Freude
Ist meine,
Ist mein Tag.

Dein Mantel,
Mir angelegter.

Die Farne
2014

Wenn dir die Farne
Fangen die Wasser,
Fallen die bunten Steine,
Leuchten dir die Himmel.

Wenn du fort bist
2022

Wenn du fort bist,
Wenn du fort bist,
Grüße du,
Grüße du.
Wenn du fort bist,
Wenn du fort bist,
Bricht mein Herz,
Bricht mein Herz.

Agape
2024

Und wenn nur ich
Dich lieben würde,
Du jäh die
Welt gewönnest.

Den Himmel doch,
Gewinnst nur dann,
Wenn Ihn du liebst!

Mondin, tauchtest hinab

„Le Ciel est mort."

Stéphane Mallarmé

An Anna III
1982

Sah dich dort stehen,
Versunken im Gerede der
Anderen.
Draußen, da wand
Sich windig die welke Welt. Ich
Wusste der ärmlichen Stunden,
Die du ausstandest
Mit ihnen, mit ihm?,
Tag und Jahr, Jahr und Tag.
Doch seit gestern, endlich,
Fühltest du meinen Blick,
Und schon heute
Traf ich dein erstes Lächeln.

In den Bäumen hält sich
Der Wind seine Kebse.

Vergiss, vergiss hieß es. Vergiss!
1984

Nach endlosen Nächten des Schmerzes,
Vergiss, vergiss hieß es. Vergiss!
Vergiss endlich!

Wie aber vergessen,
Vergessen, das Kind, dein Kind?
So plötzlich, so oft
Brach dein Ruf heraus:
Komm, Anja, ko – –
Doch sie kam nicht, nie, nie mehr.
Kam nicht gelaufen,
Zurück von der Straße – –
War nicht da, war nicht mehr da, nicht da.
Ringsum grinsendes Gelächter, auch
Ratlos verschämte Blicke.
Schmerz brach
Dein Wort.
Schmerz brach
Dein Herz.

Vergiss endlich!
Vergiss, vergiss hieß es. Vergiss!
Nach endlosen Nächten des Schmerzes.

Die Rose
1999

Hieltest du die rote Rose,
So dunkle, geschlossene.
Ein Sturm warf sie dir zu,
Nicht ich, ich war es nicht.
Da brach sie auf, die Rose,
Öffnete sich.

Verblendung:
Teufelswerk oder
Götterblitz? So lebt
Die ewige Spanne
Allen Seins.

Entrüstung:
Der Schenkende ver-
Schenkte sich, ver-
Ging sich am Offenen, lief
Seiner Hoffnung voraus.

Melancholie:
Verwelkte die Rose?
Verwandelte sie sich neu?
So sitzt nun der Mensch da
Und träumt von der Liebe.

Ein Kuss
1999

Ein Kuss
Dir.
Als ob die Welt
Myriadentrunkenvoll
In einem Augenblick
Geränne.

Christiansen

2001

Du schreist
Gegen die Stille,
Wagtest die Liebe nie.

Warum nur?

Halte nie an, nie ein
2002

Träumst und lachst
In meinen Mund hinein,
Trinkst Küsse,
Die dir nie gegeben.

Wie auf eisernen Reifen
Rolle ich vorüber,
Halte nie an,
Halte nie ein.
Wie Gleise verzweigt,
Und doch getrennt.

Die Stämme des Waldes aber
Schmiegen sich einander an und
Bluten aus gemeinsamem Herzen,
Wenn einer axtgefällt,
Erstarren alle.

Chiavenna I: Der Träumer, ein Gott

2003
Für Eric Clapton, Stéphane Mallarmé und August Graf von Platen

Seiden flossen Worte,
Schufen eigne Himmelsreiche sich.
Wie Staub zerfielen sie im Wind,
Doch wie sie gaben, und
Wie sie nahmen!
Schmiedete das heiße Feuer nicht
Träume schon? Sprach sie nicht
Einst: zweimal, da hatte ich dich
Beinahe? Aber ja, hörte er die Stimme,

Die Frauen, die du befaselst,
Ein Wunschbild deiner fabelhaften Sinne sind!

In Chiavenna, da nahm er das vierblättrige
Kleeblatt, nahm es
An sein Herz.
Liebe aber, hatten sie nicht
Miteinander.

Kreuzweg.
Da stand die Waage.
Da stand der Andere.
Da stand die Vernunft. Ein-
Brach das Kalkül,
Wucherte das Schweigen.
Liebe aber, hatten sie nicht
Miteinander.

Ein Spiel war's, ein Hauch.
Ein Traum
Fiel in den offenen Raum zurück,
Verwandelte ihn:

Lass fliehen, was entflieht!

Liebe aber, hatten sie nicht
Miteinander.

Ein Falter
2003

Ein Falter,
Eingebrochen –
Wusste von der Liebe
Wenig,
War nie vereint,
Nie vereint.

Sein Jahr
Vorbei.

Vergeblich

2003

Wer sich dir öffnet,
Weiß, dass er gibt,
Schmilzt,
Sich vergibt.

Mein Gold
Verschmäht,
In Wolkenkuckuckswörter-
Unendlichkeiten.

Nicht von dieser Welt,
Sind deine Reiche mir.
Mich bekommt nur der,
Der meiner mächtig ist.

Dein Leib, ich Weib, ein Stein
2003

Dein Leib
In mir
Sagt dir
Bleib!
Bleibt
Dein Leib,
Deine Stärke,
Weisheit,
Schönheit,
In mir.

Ein zwiefacher Leib,
Rechtwinklig
Unseren Seelen zu,
Ein Zirkelschlag
Wirft mich
Zu dir
Zurück,
Schlägt mich
Zu Stein,
Dann,
Wenn du
Zu Stein
Geworden bist.

La lontananza
2004

Wenn die Sonne
Über deine Zeilen streicht, wie
Ein Flüstern, und
Küsst den Wellenschlag,
Der mich trägt
Zu dir.

Würdest du mich verstanden haben,
Wäre ich ja du,
Und die Blüten
Fielen ins Nichts

Und nicht in meine geöffneten Hände:
La lontananza è il
Fascino dell' amore.

Frostumklammert

2009

Mitten im Schnee,
im Windfall, kehr ich zurück.

Johannes Bobrowski: Die Furt

Frostumklammert, gefallen in den
Schnee, die Oelze, schlangenartig
Hinuntergewunden. Jählings.
Unsere Liebe war rot, so weiß.

Ins Helle einverflochtene Botschaft.
Welche nur, mir? So plötzlich
Hinterließ ich Spuren im
Weißen Schnee.

Des silbernen Sternenmeeres
Erdenglanz, ein weißes Licht,
Es blendete sehr. Hilf!, rief
Wer. Auf den Hängen des
Hammerbergs schrie
Ein blinder Zeiger.

Am Zaun
2010

Stehst am Zaun dort,
Dorfauswärts, verschneit,
Dein Haus ist dunkel,
Dein Haus ist dunkel.
Weiß die Zweige, weiß
Der Zaun, weiß der Wind,
Kalt faucht er,
Schlägt dein Gesicht, schlägt
Gegen dein Haus,
Du hast es verlassen.
Dein Haus ist dunkel,
Dein Haus ist dunkel.

Kamst du gestern an?
Heute? Morgen?
Dein Haus ist verlassen.
Wie lange ist es her?
Dein Haus ist dunkel.
Dein Haus ist dunkel.

Dorfeinwärts, verschneit,
Liegst am Zaun nun,
Tot im Schnee.

Brückenbruch

2011

Brach die Brücke,
Abriss das Obertal.
Unerreichbar von dir
Entfernt, zitterte die Zirbel.

Märzmorgen IV
2012

Den Schleier tatest du,
Oh Sonne, dem Himmel an,
Sein Blau zu feiern.

Uns Irdischen ist,
Den Festungsmauern zugeworfen,
Dies Wechselspiel der Liebe
Nicht geschenkt.

Sieh, die Morgensonne
2014

Nur hier,
Nur hier.
Glutrot,
So glutrot,
Als mir kamen
Die Wasser.

Ach, was machst du
2015

Ach, was machst du,
Wenn du niemanden hast,
Der dich in den Arm nimmt.

Ach, was machst du,
Wenn du niemanden mehr hast,
Der den Druck von dir nimmt.

Ach, was machst du,
Wenn du niemanden hast,
Der dich nimmt wie du bist,

Ach, was machst du,
Wenn du niemanden mehr hast,
Dessen Liebe alles verzeiht.

Mondgedicht I

2024
Für und nach Sappho

Du, Mondin, tauchtest hinab,
Und mit ihr der Plejaden Licht.
Mitternacht, die Stunde verstummt,
Ich aber schlafe allein: wach, ach so wach.

Welt ohne Lärm

„Gott ist der Urquell allen Seins überhaupt; aber dieser schöpferische Ursprung aller Dinge – der Logos, die Urvernunft – ist zugleich ein Liebender mit der ganzen Leidenschaft wirklicher Liebe."

Benedikt XVI.

Müritz
1972

Müritz
Im Sommer
Am
Abend.

Nach vollbrachter Arbeit, ein wenig
Weg nur und eine Handvoll Zeit:
Hinein ins Wasser,
Ins laue,
Dunkle,
Kühle.
Nackt.

Schöpfender Kraft Wink,
Ein Augen-
Blick nur.
Ein Tag-
Glück.

Asowsches Meer

1975

Lehre der Unendlichkeit
In der Unbegrenztheit
Der Natur.

Technik lässt
Unendlichkeiten schrumpfen,
Lässt Horizonte
Endlich erscheinen.

Nur der Träumer
Ahnt noch,
Das Verwegene
Zu denken.

Rote Mohnfelder

1977
Für Wolfram Schubert

Striche, Linien,
Ebenen, Farben weich,
Ein Ensemble
Ohne Lärm,
Harmonie des roten
Mohns, so leicht. So leicht.

Mecklenburger Herkunft,
Welt ohne Lärm.
Der lauten Schönhauser
Weit entfernt. So weit.

Wanderliebe
1978

vorfreude auf wandern
durch wald und flur sammeln
von kräutern und riechen daran
mit dir vergiss liebes nur nicht das
luftholen und träumen lauschen
dem vogelgezwitscher pilzduft
und sehnsucht auf regen der
den wald leben lässt mit
dir und mir pflücke
vergissmeinnicht

Ich und die Erde
1988

Ich und die Erde und immer
Die Erde:

Sich mit der Erde vermählen,
Zu nehmen die
Blüten und Gräser,
Berge und Täler.

Sich mit der Erde vermählen,
Zu schenken sich den
Blüten und Gräsern,
Bergen und Tälern.

Moose II
2001

Ihr Moose, mir an-
Getan, mehr noch als
Gräser, Farne, Feen.
Verbannte, Verwandte!
Was treibt da
Zu mir, was treibt mich
Zu euch? Zart,
Genügsam, jenseits
Des Trubels, des Lärms!
Schmiegt euch
An meine Seele an,
Wie am alten Baume,
An mich an.

Baumgrotten, Wetterseiten,
Stümpfe, Nischen, Spolien.
Das Unwirtliche,
Versteckte ist's!

Enzianblues
2001
Dionysos-Dithyrambus II

Ins Zweckfreie
Hingewürfelt die Pfade.
Hier gärt die Lust den Sinn,
Herrscht der trunkene Kelch
Über die Fluten irdischen Gerölls.
Die alte Alm, verlassen,
Am See, hier brannten sie einst
Den Wurzelgeist
Aus gelbem Feuer.
So nah dem Eise,
So fern dem Getöse. Ein Tanz.
Ein Übermut. Ein Glühen. Ein In-
Sein. Geworfen, wer kam.

Ent-
Wurf. Selbst-
Vergessene Schönheit. Zweck-
Frei. Hier rührt mich keiner an.

Wie eines Falters Geschick,
Im Fluge gerissen
Vom Aar.
Im Rausche
Verrauscht:

Sturz.

Androsace helvetica

2001
Dionysos-Dithyrambus Nr. IV

Herab du Erdensohn,
Herab!
Verstiegen in den Steigen
Weglosen Gesteins.
Wild die Klüfte,
Kaum ein Halt.

Das letzte Bild,
Sein letztes?
Schweizer Mannsschild,
Die Hummel summte.

Ekstase II

2001
Dionysos-Dithyrambus Nr. V

Entkommen
Dem Rausche des Feuers,
Dem Rausche der Höhe, noch
Peitschen Meere in ihm nach.

Nackt liegt der Bergsohn,
Sein Selbst,
Hinausgestellt.

Reißender Strom

2001
Dionysos-Dithyrambus Nr. VII

Reißender Strom des Gebirges,
Ist, und
Ist zugleich
Auch nicht.

Ist Band
In meinen Sinnen,
Ein Band:
Ich schmecke, ich fühle,
Ich sehe, ich höre,
Ich rieche, ich atme

Dich.

Wie Licht zu trinken,
Denke ich dich
In mich hinein.

Andere Hälfte

2001
Dionysos-Dithyrambus Nr. IX

Im satten Grün
Der Alpenhänge, im
Meer der bunten Blumen,
Im Auge des felsenzornigen Joches:
Wollte nicht fort,
Wollte nicht bleiben.

Doch die Spur
Führte, war
Eine Flucht.
War auch dies eine
Hälfte des Lebens?
Mir?, zwischen Namen und …

Ach,
Den Göttern allein
Ist vergönnt,
Am Abend,
Ikarisch zu verglühen.
Namenlos.

Aus den Steigen

2001
Dionysos-Dithyrambus Nr. X

Aus den Steigen
Des Hochwaldes, Blick
In die weißen Weiten der Gipfel.
Hier ist mir
Wie Fliederblühen.

Schweben Blütenteppiche, Steine,
Wurzeln. Pilzgeruch
Lässt meine Adern lodern.
Hier ist das Viele noch Eins,
Hier ist das Eine noch Alles.
Hier ist Bruch und Naht,
Krieg und Liebe, noch
Einerlei,
Der Kreis ein Punkt.

Flieht das Abendlicht

2001
Dionysos-Dithyrambus Nr. XIV

Wie schaukelnder Boote pure Lust
Schweben Blütenmeere mir,
Gehalten von Tauen schwerer Moral.
Quer liegt meine Bahn
Im schlagenden Meer.

Über Grate, Pässe, Gipfel:
Wer küsst mich hier,
Wer hält mich an,
Was trieb mich her?

Glüht am Berg der Dämon,
Glüht sich in meinem Auge aus,
Flieht das Abendlicht
Über das Felsenjoch.

Lagginhorn

2001
Dionysos-Dithyrambus Nr. XV

Der dunklen Spur gefolgt, im
Sternenlicht gequert
Des Gletschers versteckte Höllensaat.
Tanz hinauf ins Weglose. Steil.
Seillos. Mein Weg, mein Halt.

Wo das Blaue aufleuchtete,
Brach sich der Grat: Ein Flimmern
Stillte jeden Laut. Ruhe,
Ruhe. Das Licht der Weite. Allein!
Linien der Weite: Gottes Atem.

Verstiegen! Sterben? In welch einem
Rausche aber! Sturzschrei. In den
Sonnenwinkel gefallen. Die Blüten
Des Mannsschilds,
Die Hummel summte. Licht! Licht!
Wie gern blieb ich doch …

Er blieb. Ein anderer nahm vom
Schmelz geöffnete Lippen
Jenseits des Scheitels. Der Berg
Verwandelte ihn. Erinnerte
Er sich nicht.

Steinrosenlicht
2001
Dionysos-Dithyrambus Nr. XVI

Eingefroren knospet der Stein
Zur Aster mir, verbrannt,
Gelöscht, die Schwermut im Schlick.
Sie, wie ausgesetzt, in ein
Kalben des ewigen Lichts.

Der Urkristall, uns Unbeugsamen
Garten, flockt wie Schaumgeburten
Sein Licht in des Kosmos Samen,
Tanzt dem Tode einen Bogen aus,
Ist entlaubten Träumen Sehnsucht.

Dem Mittag nah, tropft die Narbe,
Klingt der Wind im Grase, springt
Die Knospe lachend aus ihrer Haut.
Licht jocht die Lider,
Legt im Stein mir Rosen aus.

Morgenstrahl

2001
Dionysos-Dithyrambus Nr. XVII

Ausgelöscht das Gestern
In des Morgens Flammenmeer:
Geweckt ein Urquell,
Urlaut der Unbeugsamen,
Ein Stahlkristall.

Das Licht tanzt
In meinen Sinnen
Um des Todes Kern, sagt:
Der Tod ist ein Rausch
Der Sehnsucht,
Sohn der alten Götter.

Plötzlich, blitzesgleich,
Verschwand der Tod-Gedanke,
Mir weggejocht!
Licht und Tod
Vertragen sich nicht,
Flüsterte Gott.

Chastè I

2002
Dionysos-Dithyrambus Nr. XXIII

Leichter Regen, weich,
Ein Staub der Graslilie.
Adieu sagte die uralte Dame,
Sonst nichts.
Und leuchteten ihre Augen, mir.
Ein Licht von Fern her, auf alte Art,
So jung, so jung. Mir. Meines.

Wolken hüllten mein Schweigen ein,
Nahmen es mit. Der Wind
Schliff es am Eis der Höhe,
Samengleich mag es fallen,
Irgendwohin. Einst.

Nanga Parbat II

2002
Dionysos-Dithyrambus Nr. XXVII
Für Reinhold Messner

Es trieb euch in die Drift,
Fetzte euch die Haut vom Leibe,
Schloss euch in den Himmel ein,

Kreischte der weiße Bruch,
Da warst du allein,
Schriest,

Das nahm dir der Teufel übel,
Er wollte ja dich, dich ganz allein,
Als er dir gab, das falsche Signal.

Rosen im Bergwind

2008

Und wieder ließest du
Mich fallen
Ins gottbelassene Land,
Meines.

Wohlgegürteter
Kristallener Flug,
Fiel hoch,
Parabelnah geschlossen.

Chastè II

2009, 2013
Dionysos-Dithyrambus Nr. XXVIII

> In der Wand bleibt im Idealfall nichts,
> aber dieses Nichts ist ein Kunstwerk.
>
> Reinhold Messner, 13 Spiegel meiner Seele

Todesängste verflogen, der
Schwerkraft entzogen.
Der Nanga-Parbat-Ruf,
Ein Selbstkampf:
Nitimur in vetitum. Oder
Cerro Torre: Schrei des Pfahls,
Die Flächen verfielen der Linie.
Zur Stille gefroren.

Sein Sturz. Wahnbilder. Gebrochener.
Die verlorenen Wissenschaften. Aufgebrochen
Zum Flachsinn der Vorüberziehenden.
Auf deren Höhen getrimmt, befohlen:
Abgeschliffen, niedergezogen,
Heruntergehobelt.

Wer ist eigentlich verrückt? Mani padme.
Warten, Gehen und Gehen, Warten.
Messner. Zarathustra. Der Seiltänzer,
Der, der nicht abstürzte. Die Angst, die
In den Übermut stürzte. In die Wüste
Fiel das erste Wort. Der verborgene Gott,
Ein Simulant?

Und doch gewollt!

2024

> In ihm hat er uns schon vor Erschaffung
> der Welt auserwählt, dass wir heilig und
> untadelig vor ihm seien.
>
> Epheser, 1.4

Purer Zufall,
Pures Schicksal,
    kein Grund,
    kein Plan?
Und doch gewollt,
Und doch geboren,
Schon vor der Welt!

Nein,
Du bist kein Zufall.

Ein Unland, müd

„Ist aber das unablässige Wachstum der Menschheit und ihrer Wirtschaft überhaupt mit der Bewahrung der Natur vereinbar?"

Carl Friedrich von Weizsäcker

Im Nebel noch

1978

Es schenkt die Morgensonne den
Wiesen, Wäldern und Bächen,
Allen und Allem, ein eigenes Licht.
Ein Urlicht.
Es macht blind,
Das Leben,
Unseres.

Festhalten
Des Augenblicks,
Diese Gnade:
Ein fragendes Vlies, unter
Des Bussards Flügelschläge.

Es soll sich ja einst zeigen,
Wenn die Lichtspiele der
Schwebenden Wasser
Vergehen.

Das letzte Schweigen II
1983

Schwarze Bäume
Getupft in ein Morgengrauen
Wo silberner Reif
Umklammert vergangenes Leben.

Einst besungen,
Oh Fluss, oh Wald,
Oh Weide, nun
Gott verachtend,
Das Menschengeschlecht.

Halme knickten um,
Eis und Schnee bedeckte Seelen,
Brach das Licht entzwei,
Dem letzten Zweifler kam
Das laute Schweigen.

Ach, es scheren sich
Die Vögel um uns nicht,
Sie haben Licht in sich
Von anderer Art.

So, als wäre nichts geschehen
1985

Hört
Die Stimmen der Vögel,
Die Mahnungen,
Welch Trotz
Den Wahnen,
Und wisst,
Als wir gingen
Den Hohlweg,
Vom zwielichtigen Grund,
Und uns gemahnten
Im Namen des Lebens
Zu leben wider das FORTSCHREITEN.
Vergaßen wir's?

Im Ende werden wir wieder
Reden müssen wie einst, wie Jünglinge,
So, als wäre nichts geschehen,
Zwischen den Zeitaltern.

Fichtelberg 1986
1986

Kalt und nackt
Splittergleich
Das Gipfelfeld
Wald war einst
Wo bizarres Geäst
Da klirrend im
Kalten Wind
Pfadwege hinauf und
Des Menschen Weg
Hinab.

Unweit der Grenze,
Der Feuerstrahlen
Bornhort.

Zukunft, unsere kleine,
Des doppelten Todes
Eine.

Bäume II
2005

In Beton eingeschmiedet,
So seelenlos,
Wie die Menschen es sich denken,
Sind die Bäume nicht.

Sie schreien hoch,
Sie atmen still,
Sie atmen still,
Sie schreien hoch.

In die Wut der Äxte
Knallt ihre Angst,
Beugen vor Gram sich,
Wenn ihresgleichen fallen.

Im Sumpf verdröhnt
2004

An den vergifteten Zähnen der Ufer
Bricht deine Freiheit entzwei,
Mein Fluss.
Falb quillt aus dem Dämmer
Dein Abschied mir.
Wohin nur,
Verlanden sie uns?

Der Hochstand da, horch!,
Von dort verhallt ein Knall,
Ein Reh blutig verreckt.
Königspurpur. Und
Im Sumpf verdröhnen
Unsere Schreie.

Ich nahm mir ein anderes Land.

25 Jahre Einsamkeit III
2005

Gefegt,
Gesäubert,
Gereinigt,
Begrenzt,
Umzäunt.

Nicht wissend,
Dass Wasser nicht vergesslich ist.

Meine Fußstapfen,
Von damals, sie
Sind immer doch noch da.

Hammerberg 2012
2012

Als der Kalte Krieg dir
Geborgenheit schenkte, da
Konntest du des Menschen Friedens-
Krieg gegen deinen Wald nicht ahnen.

Erwachtest, Wald, als hallten die Beile,
Und schlugen dir deine Bäume tot.
Die grünen Nadeln fielen zu Boden,
Sanft zu betten, fallende Zapfen.

Wir nahmen einen vollen Zweig,
Liebkosten ihn und gaben ihm Wasser.
Samen sollen gründen, dich Wald,
Zu setzen in alle Welt.

Und dann werdet, Bäume, bemoost,
Werdet Krüppel, pockennarbige.
Dann schlagen sie euch nimmer,
Lassen von euch ab. Endlich, endlich.

Wilde Halme

2024
Für und nach Sergej Jessenin

Du mein Land, ein Unland, müd,
Verbrämte Erde mir, oh
Ihr wilden Halme, einst so unberührt,
Wo Hain und Kloster, wo?

Prenzelberg

„Alles bei uns ist gelogen, ich bitte Sie, glauben Sie niemandem auch nur ein Wort! Bei uns schwärzt man die Leute an, besticht und lässt sich kaufen, man schwätzt ganze Nächte lang, aber keiner tut etwas!"

Miroslav Krleža

Dichtung I
1977

Dichtung
Ist das
Herausreißen
Des Wortes
Aus des Staates Anmaßung:

Hören
Das Rufen der Vögel.
Hören
Das Rauschen der Bäche.
Hören
Das Lachen des Glücks.
Sehen
Das Flimmern des Lichts.
Sehen
Das Siechen der Flüsse.
Sehen
Das Schreien des Leids.

Dichtung
Ist
Alles
Dies
Und
Noch
Viel
Mehr.

Worte
1985

Reden: Ein Fühlen im
Ungefähr
Der Dinge.
Ein Versuch zu leben.

Der Tod: Ein Bruch im
Wort zur Welt,
Ein gebrochenes Wort,
Ein zurückgenommenes Wort.

Wiedergefundene Worte
Zwischen Menschen sind
Wie Sterngeburten in des
Schattens Reich,
Eben wie die Dinge
Durch Worte sind.

Verlandete Worte
1986

Verlandete Worte,
Vergiß sie,
Rief's dämonisch herüber.
Zog ein Sturm hinweg,
Verwarf meiner Worte Wege.

Es atmet das Weib die Nacht,
Anfang und Ende –
Elysäische Orte des Dichters –
Geburt und Tod:
Wegscheiden, wie
Kristallenes Rauschen inmitten
Fluiden Staubs. Windstöhnen.

In die Stirn weht
Eisiger Schnee mir,
Und Ebenen beben
Im Schrei der
Schwarzen Vögel.

Inseln der Zuversicht
1990

Meine Dichtung, meiner Dichtung
Gegenstand: Kosmos.
Das All und Alles denken müssen.

Meine Dichtung, meiner Dichtung
Zeit: Gestern und Morgen.
Tilgend die Moden des Zeitgeists.

Meine Dichtung, meiner Dichtung
Ort: Einsamkeit.
Wo immer, immer überall.

Meine Dichtung, meiner Dichtung
Antrieb: Erinnern.
Den Zernichtern des Erinnerns zum Trotz.

Meine Dichtung, meiner Dichtung
Weise: Dialog.
Gespräch mit meinem Du.

Meine Dichtung, meiner Dichtung
Wesen: Worte, nicht Wörter.
Das Wort heiligen.

Meine Dichtung, meiner Dichtung
Halt: Gott.
Gegen den Zeitgeist, gegen den Strom.

Dichter vom Prenzelberg
1991

Mit Scheiße habt ihr mir
Meinen Hölderlin besudelt.
Ihr wusstet von euch,
Ich ahnte euch,
Ihr wusstet meiner nicht,
Habt mich nicht erkannt,
Habt meinen Tisch verkannt,
An dem ihr euch verrannt.

Ich war in eurem dumpfen Wahn
Teil des Gesprächs für die
Dunklen Stuben der Armseligen,
Judaslohnempfänger.
Das mir verweigerte wahre Wort,
Erinnert ihr euch?
Mit Scheiße habt ihr mir
Meinen Hölderlin besudelt.
Auch ich war ein Dichter
Des Prenzelberges, Anderson!
Mit Scheiße habt ihr mir
Meinen Hölderlin besudelt.

Ihr könnt euch nicht erinnern?,
Ha!

Ekel
1992

Ein Dichter, heißt es,
Sei er. Ei, ei der Daus!
Weil er Worte setzt,
Lesungen hält,
Preise kriegt.
Ei, ei. Ei, ei der Daus!
Du ███, du ████ Kretin.
Visage, all meiner Feinde eine!
Der machtgierigen Clique einer, Nichtskönner.
Nur dämlich genug muss es sein,
Das Wort,
Die des Leiters, der mich betrog,
Die des Schülers, der mich schlug,
Die des Stasiknechts, der mich denunzierte,
Die des geheimen Dreckkerls,
Ja dich meine ich,
Stellvertreter, der du aus dem Nichts kamst,
Mit der faschistoiden ███, du!

Ach, deiner vielen Gesichter
Müd bin ich, so müd.
Wer denn bist du?
Nimm doch all die Preise an,
████, ████kerl, ████,
Stellvertretend.

Löscht mir das Licht!

Gedoppelte Ironie
1996

Nichts geschah bei ihm
Ohne das gedoppelte
Spiel der Ironie,
Darinnen, eingesponnen,
Seine ansonsten ungeäußerten
Saiten und Seiten,
Wahrheiten,
Vielarmige.

Torbogen-Augenblicke
1997

Die Freischaltung
Des Schaffens
Bleibt mir verschlossen.

Sich selbst auswählen
Heißt, sich verleugnen.
Sich wählen?
Jenseits des Guten,
Angeblich Guten,
Jenseits des Bösen,
Angeblich Bösen,
Im irdischen Treibhaus

Der Inzucht.

Ich war Kind, als Es?,
Als Er?, zu mir sprach:
Rollendes Rad, rollendes Rad. Ich
Murmelte es immer wieder, lange Zeit.

Löwe und Kind
In ewiger Wiederkehr:
Torbogen-Augenblicke.
Doch nach der Erinnerung
War sie wieder fort,
Die Erinnerung.

Erinnerung ist nichts anderes als die
Erinnerung an eine Erinnerung.

Rollende Wörter

2001

Wörter rollen auf Gleisen vorbei,
Von links nach rechts,
Von rechts nach links,
Auf mich zu,
Von mir weg.

Buchstaben
Wie Tränen sind:
Aus dem Lachen von Gestern,
Aus dem Weinen von Morgen.
Aus dem Lachen von Morgen,
Aus dem Weinen von Gestern.

Bedingt einander
2003

Ihr habt mich nicht gedruckt,
     habt euch weggeduckt –
Ihr habt mich nicht gehört,
     habt mich verhört –
Ihr habt mich nicht gelesen,
     habt euch verlesen –
Ihr habt, ihr habt, ach habt!

Ihr habt mich erdrückt,
     ich bin nicht abgerückt –
Ihr habt mich verhöhnt,
     ich hab' mich erhöht –
Ihr habt mich ausgesessen,
     ich hab' euch vergessen –
Ich hab', ich hab', ach hab'!

Dingfest II
2003

Der Name macht dingfest,
Bannt.
Freiheit kennt keinen Namen.
Keiner ist frei, der sich benamt,
Andere in Schubladen verbannt.

Das Sein ist die Urform
Der Freiheit, was es entlässt,
Ist nur ein Abglanz.

Das Sein will keine Namen.
Vogel!, willst Vogel sein, nicht
Sperber. Ich verweigere
Dir deinen dir zugewiesenen Namen,
Lasse dich frei,
Liebe dich in deinem namenlosen Sein,
So staune ich dich an!

Ein Wort

2004

Wie schreibst du
Ein Wort,
Das dich trifft?
Groß oder
Klein,
Gesperrt oder
Offen?

Ein Wort,
Das sagt,
Was du bist
Und dich trifft?

Bleib still,
Bleib still.

Tod eines unbekannten Dichters II
2006

Wenn ich dich höre
Schwarzer Ton,
Der fiel in die braune Pause –
Stimmen die Bilder noch,
Die wir voneinander zeichneten,
Einst?

Dein Tod war laut,
Schwarzer Ton.

So dichten
2013

So dichten, dass
  Wörter auferstehen.
So dichten, dass
  Wörter tanzen.
So dichten, dass
  Gesagtes bleibt.
So dichten, dass
  Gesagtes gefällt.
So dichten, dass
  Es von dir kommt.
So dichten, dass
  Es Gott gefällt.

Mein eigenes Wort
2024

Gibst Du in mein Wort
Ein Kristall, ein Licht hinein,
Heilsteingleich finde ich
Deine Zeichen und Gesetze,
Gegebene vor allen Zeiten?

Fasse und begreife ich sie,
Erkenne ich mein Wort?
Was soll mir dein Kristall,
Dein Licht sagen, in der
Welten Lärmspektakel?

Wie kann ich es hören, mein
Eigenes mir geschenktes Wort,
Im schmutzigen Licht der Welt?
Geh hoch auf des Mönchs Berg,
Und obsulat, o fili!

Falbe Wasser

„So hetzt man sie bis in ihre Gedanken hinein, die man
an der Wurzel vergiftet.“

Jean-Paul Sartre

Falbe Wasser
1983

Aufbricht der Himmel, Getöse
Wallenden Wolkengetürms,
Die Himmelsfeste erloschen.
Aber hört!
Klimmen vom Himmel
Herab nicht Verse, längst
Verloschen geglaubte?

Ich weiß von vielen Linien
Nichts.
Ein Zagen, hier und da, und
Hoffnung, ja,
Auf Flucht.

Reiße hinweg mir, die
Bleiernen Schleier!

Spüle hinfort mir, die
Falben Wasser!

Träumerei

1982

Ich lag im Grase,
Träumte von dir,
Oder nicht?
Doch der Sinn glitt hinweg.
Plötzlich Winckelmann,
War in Griechenland,
Mit Plan und Spaten,
Auch das Gottesgericht war da –.
Doch der Sinn glitt hinweg.
Hölderlin, ich sah deinen
Hyperion über mein Weib springen.
Doch der Sinn glitt hinweg.
Als ich aufwachte,
War ich nicht mehr Ich.
Ich fand mich nicht mehr wieder,
Julien! Verzaubert?
Was flüstertest du in mein Ohr?
Zauberformel eine,
Von Castorps Schneeort her?
Dachte ich, wachte ich
Überhaupt auf?

Strebt der Mensch II
1982

Aufwärts streben
Moose und Gräser,
Bäume und Blumen.
Aufwärts auch,
Strebt der Mensch.
Lässt hinter sich
Seinen Grund,
So Wurzellos.

Nur die Weisen,
Gering an Zahl, gewiss,
Wissen sich schicksalsgebunden,
Schauen dem Vogelflug
Zwischen Himmel und Erde
Die Wahrheit ab.

Späte Erkenntnis
1991

Ideal und Wort,
Einst ein Traum,

Aus, der Traum!

Lebenslauf
1992

Wir waren Kinder,
Tranken das Wasser aus
Brunnen wie Met,
Ach, auch Maikäfer flogen,
Und rote Fahnen flatterten
Froh im Birkengrün.
Kennst Du den Geruch der Fahnen?

Später,
In Swanetien, da
Fand ich die Natur,
Geschieden vom Menschen noch nicht.

Aber mein Land geschieden,
Geschieden, endlich,
Von mir. Endlich.
Dank Biermann, Hälfte des Lebens,
Verdammt, das zog! Damals.

Damals, als die
Zersetzung fraß, fraßen die Fratzen auch,
Die falschen Freunde,
Parasiten und Schweine
Mein Fleisch, kamen
Nah heran, zu nah.

Reisig, gebrochen
2002

Reisig ge-
Brochen, ge-
Schichtet dem Feuer.
Wirft sich nicht auch
Das scheue Tier hinunter
Von den Klippen, tief?
Getrieben von der
Feuerwalze Bestie?

Wirf dich nicht fort,
Vor der Zeit,
Schenk dich hin,
Immer wieder,
Wirf dich nicht fort,
Schenk dich hin,
Wirf dich nicht fort.

Bittere Tropfen

2002

Bittere Tropfen
In die Süße des roten Weines
Gegossen, hinein-
Gefallen.
Ein Lied der Melancholie.

Fielen Blütenmeere II
2002

Fiel die Blüte,
Fiel der Kelch.
Weiß kein Wort,
Weiß kein Halt.

Des weißen Schwanes
Weißer Hals, lag
Schief, gewunden schief,
Schlief im Tod.

Kein Sommer dir.
Triebst im kalten See,
Schlag auf Schlag,
Schlag auf Schlag.

Perspektivumkehr
2003

Weil ich so bin,
Seid ihr auf mich gekommen.
Weil ich so bin,
Habt ihr mich benutzt.
Weil ich so bin,
Habt ihr mich abgelegt.

So hat jeder von euch ein Bild von mir.
Habt es abgenommen von euch selbst,
Es euch angepasst, es verzeichnet, es
Ange-
Maßt.

Was ich bin,
Schert euch nicht.
Was ich war,
Schert euch nicht.
Was ich sein werde,
Schert euch nicht.

Bühnenstück: Stürzer der Logik
2003

Über der Bühne hängt eine Fahne mit der Losung: „Die Logik gehört uns, den Menschen!" Im Hintergrund auf halber Höhe des Bühnenraumes spielt Bobby Fischer hinter Gittern mit ineinander verknebelten Beinen Schach gegen sich selbst und spuckt fortwährend auf eine Tafel mit der Aufschrift „Logik".

Erstes Bild: Ekstase

Des Tanzes.
Der Körper schwebte,
Da nahm Nijinsky Fischers Springer,
Und alle Schwerkraft verschwand.

Zweites Bild: Ekstase

Des Traumes.
Die Seele bebte,
Da träumte Hölderlin die
Revolution gegen Fischers Türme,
Und alle Realitäten verschwanden.

Drittes Bild: Ekstase

Des Denkens.
Der Geist brannte lichterloh,
Da stieß Nietzsche Fischers König vom Brett,
Und die Logik stürzte zurück zum Teufel.

Schlussbild:

Hin zu Fischer krochen drei Zwangsjacken …

Scherben der Kindheit I
2003

Zu vergolden,
Was zerstieb,
Was sonst.

Aus Stein sei deine Kirche,
Sonnendurchflutet
Der Baum Jesse.
Was zerschlagen, ruft,
Nimm mich an, zeuge und
Zeuge. So
Schleppst du dich
Heimwärts, leuchtest du
Anderen wie
Ein Kieselstein
In der Glut des
Immeralten Feuers.

Zu vergolden,
Was zerstieb,
Was sonst.

Scherben der Kindheit II
2003

Endlich,
Gestrandet die
Scherben der Kindheit.
Sie zeigst du
Niemandem.

Vergräbst sie tief,
Tief hinein in den Treibsand
Deiner Erinnerung.
Legst in den Wind
Deine Hoffnung.

Unter dem Flugsand aber,
Formst du ein neues Mosaik
Aus deinen Illusionen,
Aus deinen Scherben.

Alexander März II
2003

Starr, dein Blick. Wund.
In Strudel einverfangen,
Hinuntergezogen, du,
Kein Halt,
Nirgends.
Bebt dein Körper,
Zittert, flattert,
Birst.

Brach ent-
Zwei deine Seele,
Verkohlte dir den
Schmerz, warf
Den Schnee
Abgrundtief
Hinaus.

Hast dein Zittern
In die Flammen
Des Irrsinns getaucht. Ruht
Dein Körper nun, in
Des Strudels Abgrund
Gestülpt.
Wund, dein Blick. Starr.

Kutzenberg II
2005

Steinumgürtet,
Die geschlossene Pforte,
Eine Kirche, nahe der Angst.
Das Licht Samedans
Leuchtete noch nicht.

Will weg, will weg,
Hinein in die fahrige Welt,
Weg von den Trauernden,
Sterbenden, hier, dem
Ort der Schreie. Weg von
Den Weiden am Pfuhl,
Vom Feuer in meinem Mark.

Die blaue Süße
Des Himmels
Fiel ins Gras.

Erinnerung II

2005

Weiß nicht.
Geschichtslos.
Ohne Worte.

Die erste Erinnerung?
Apokalyptisch. Kosmisches
Rauschen: ein Sog.
Angst.

Vorbei, das alles. Vorbei.
Der grauen Muster Flug
Vorbei.

Der neue Morgen
Unendlich schön,
Brachen auf,
Tiefeingeschlafene Knospen,
Und Abgestorbenes
Weinte fort.

Exustus ager II
2005

Tönen die Farben des Waldes nicht,
Und fließen die Laute des Waldes nicht,
Löschen keine Feuer mir,
Zünden meine Sinne nicht,
Trocknen meine Tränen nicht.

Erst der Lichtstrahl
In den alten Mauern
Der oberen Kirche in Samedan
Weckte Leben, weckte Mut.

Als ob eine Atemwende
Waltete, und
Den argen Bogen
Verbrannte.

Tinos II
2009

In deine Bahn geworfen, das
Mikroskopisch kleine Muss aus
Nichts und Nichtigkeiten,
Untermaß und Untersein.
Verlorenheiten des Nichts
Im Schachte des Alltags.
Wieso zerschnitten sie dir
Den Kreis, den ich dir zeichnete,
Mit den Adlerschwingen meines Schwertes?

Dein fragmentiertes Sein:
Sag nein dazu!
Lass ins Kykladische dich fallen.

Die Welt ist ein Missverständnis,
Buntgetupftes.

War ich es gar?
2012

Da sitzt du blank geplagt
Von Entsetzen gezeichnet
Auf der Bank,
Am Berghang da,
Der Sonne nah.
Tagtäglich.

Allein.

Oder gestern schon?
War ich es gar?

Tropft die Zeit im Kreis?

Die Muße geraubt
2023

> Bonum est sperare in Domino,
> quam sperare in principibus.

Und du tatest es nicht.

Und so nahmen sie dir die Muße,
Das Nachdenken,
Das Danken,
Das Bitten,
Das Nachsinnen,
Das Beurteilen,
Das Urteilen.

Und am Ende
Die Sinne.

Freiheit?

„Staat heißt das kälteste aller kalten Ungeheuer. Kalt lügt es auch; und diese Lüge kriecht aus seinem Munde: ‚Ich, der Staat, bin das Volk.‘"

Friedrich Nietzsche

„Ein bevorzugtes und sehr gefährliches Mittel dafür ist der Missbrauch der Moralität."

Hans Buchheim

„Dort, wo der Staat aufhört, da beginnt erst der Mensch, der nicht überflüssig ist."

Friedrich Nietzsche

Vergebliche Sehnsucht
1976

Menschheitsträume genährt
Durch Träumer, die
Ab und an uns mahnen,
Des Edlen im Menschen
Zu gedenken.

Dachte mir Reife
Gewachsen aus den Wegen
Der Väter. Ach, Irrtum mir.
Weinen und darben
Immerfort, das bleibt.
Das edle Menschengeschlecht?
Ha, ein Wort nur! Verblichen ist's
In hellenischer Sonne. Und
Göttlich allein
Ist nur ein Windhauch davon noch.

Verlassen liegen Sehnsüchte in uns
Brach, zur Vernutzung späterer
Generationen geschlachtete.
Ach der Mensch ist so
Unnötig
Unnötig
Unnötig
Unnötig
Unnötig
Unnötig
Unnötig
Unnötig
Unnötig.
Unnötig.

Richárd Trend II

1977
Für József Lengyel

So oft das Leben
Sinnlos erscheint,
Es ist ein gestülpter
Augenblick der
Selbstlosigkeit nur. Doch,
Selbst Ausweglosigkeit
Und der unerhörte
Körperliche Kontrast
Lassen noch hoffen
Auf Erlösung.

Lodert das Leben
Am heftigsten
An der Scheide
Der Welt, in der Schneise
Der Entscheidung.

Vergänglichkeit
1977

Protokolle, Papiere,
Inschriften,
Gekritzelt oder gedruckt,
Im Tresor oder in der
Weltraumsonde,
Werden nicht ewig von uns zeugen.
Pyramiden sind gerade geschaffen,
Da beginnen wir sie wieder
Einzureißen.

Bis der Mensch sich einreißt,
Vergeht nur noch wenig Zeit.

Späte Synthese
1978

Wie graues Gewölk
Flieht mir vorbei
Meine Welt,
Zeitengleiche,
Unfassbar ihre
Augenblicke und
Wiederholung
Ausgeschlossen,
Heißt es höhnisch.

Jahre später werden wir
Dennoch die Antwort
Auf die alten Fragen suchen.

Zeitenwandel I
1982

Fern, die Zeiten,
Als die Menschen
Wussten von Lebensdingen noch:
Schoof schlagen, sagten die Alten,
Sie schlugen an Fässern an,
Und aus des Roggens Ähren
Quoll das Korn.
Und das Stroh, das
Deckte Dächer.

Heute,
Da langweilt
Ein Geflimmer fremder Medien
Und fremder Spiele. Und
Ein Tag ist wie der andere:
Tiere im Käfig.

Wehgang

1986

> Ein Weh ist dahin; siehe, es
> kommen noch zwei Wehe nach dem.
>
> Offenbarung 9,12

Jahre vergingen
Wie Tage, und
Nächte schmolzen
Unsere Träume ein.
Jahrtausendelang
Zwei Linien des Menschseins
Sich fanden, wanden und mieden.
Der Knotenpunkte
Kräfte ins ewige Streben:

Ein jedes Mal,
Epochen-
Bruch.
Ein jedes Mal,
Impuls zur Trennung,
Zum Kriege,
Zur Lüge.
Letzter Knoten schrie
Sein letztes Weh,
Wies letzten Weg.

Gott tot, und
Nachgerade tobten verheerende
Letzte Kriege. Ritten apokalyptische
Panzerreiter von Land zu Land,
Verstiegen sich zu Schinderkriegen.

Zuletzt:
Der Krieg ist tot!

So stehe da der letzte Knoten
Als des kleinen Menschen letztes Wort.
Mahnmal nicht und Weisung nicht.
Zwei Welten nun in
Einem Lauf
Da unten, tief.
Weh, Menschengeschlecht!
Verloren das Schöne,
Die Einheit,
Das Ganze,
Das Ideal.
Verloren die Kraft.
Weh, letztes Weh.

Die Gilde

1986

Mutig ran und frech,
Rede lauter Blech:
So der Rotte
Lebenslotto.

Menschlein tue, tue,
Füll die große Truhe:
Gut wie Böse,
Ein Getöse.

Die simplen Sprücheklopfer
Gieren geil nach jedem Opfer,
Auch machen halt als Macher,
Gewinn und Preis mit Schacher.

Der arme Wurm hängt in der Klemme,
Wer hilft ihn raus, aus dieser Schwemme?
Sein Reden, ach, es ist nicht Gold,
Gilde scheffelt weiter ihren Sold.

Menschlein tue, tue,
Füll die große Truhe:
Gut wie Böse,
Ein Getöse.

Mutig ran und frech,
Rede lauter Blech:
So der Rotte
Lebenslotto.

Churchill
1990

Uns unglaublich fremd
Anmutend, mit
Spazierstock, Zigarre, Zylinder,
Inmitten seiner Soldaten:

Ich habe nichts zu bieten außer
Blut, Mühsal, Tränen und Schweiß.

Alles was er bot,
War Zuversicht, Halt, Mut und Sieg.

Eben wie die Welt war.

War?

Neuanfang

1990

Anstrengung,
Immer wieder, gut
So. Nachgerade das
Da-
Sein …

… Leben,
Ein Mitmachen …

Oder doch nicht?
Oder etwa nicht?
Oder nicht?
Oder …

Grenzkommandant
1990

Es war da ein Dorf,
Märchenhaft schön, ab-
Gelegen wie nirgendwo sonst.
Winter war.
Tagein, tagaus,
Tagwerk aller war.
Da lebten der Maurer, der Pfarrer,
Der Lehrer, der Alte, die Frau, das Kind,
Und auch du, Kommandant.
Auch wachten Soldaten und Minen:
Totenordnung.

Und so standen auf,
Die Bewachten
Gegen ihre Bewacher.

Bald nun kamen aus fernen Orten
Die Dritten, Vierten und Letzten,
Raubritter und Abenteurer,
Als des Ortes neue Herren.

Da ging die Arbeit aus, und es gingen
Der Maurer, der Lehrer,
Die Frau und das Kind,
Und auch du,
Kommandant!

Fern hallte ein Schuss.

Wiederbeginn
1990

Belogen, betrogen,
Behindert.
Auch mich.
Gefälschte Briefe,
Verrisse und Absagen,
Vertröstungen anfangs, Hinhaltungen später,
Zersetzung zuletzt.
Säend, den Selbstzweifel, immerfort.

Organisierten Versagen,
Planten Beschäftigungen,
Individuell abgestimmt, klar doch.
So trieben sie's, trieben ihr
Spiel mit uns, unerhört korrekt,
Auf deutsche Art eben.
Ach, auch Pfaffen halfen, und
Ärzte fügten sich und logen,
Und Lehrer horchten und gehorchten.

Immun glaubte ich mich.
Doch die Abwehr verschlang Kraft,
Und die Wachsamkeit wurde sich selbst genug.
Stetig, unaufhaltsam, glomm
Beklommenheit.

Es vermag zu höhlen
Der stete Tropfen
Den Harten Stein.

Gutta cavat lapidem.

So war's dann auch:
Zwei Sommer, zwei Winter,
Kein Vers. Kein Vers mehr gelang.
Sturm kam auf, und
Riss mir die Planken vom Leib.

Zwei Jahre später

1991

Vergessen nicht, die
Enttäuschungen des Wendebeginns;
Ruhm und Lohn erheischten
Die flotten Wendehälse, die.

Die Blinden riefen:
Kommunisten weg, lasst deren
Gegner rein ins Spiel!
Wer schrie's? Stasi grinst.

Die Blinden riefen:
Flötisten und Trompeter, ran
An die Macht, ihr Aufgefrechten.
Wer schrie's? Stasi grinst.

Die Blinden riefen: West-
Richter her und Treuhand her!
Siegen soll die Kohle, Kohle.
Wer schrie's? Stasi grinst.

Die Blinden riefen:
Bürgermeister, unsere,
Was für Kerle! Volkes Stimme!
Wer schrie's? Stasi grinst.

Der Sturm verflacht
1991

Der Sturm verflacht,
Ein wenig Licht,
Zag regt Leben sich,
Perlt Regen von nassen Fenstern,
Wo Menschen atmen endlich
Frische Luft. Wer weiß,
Wie lange noch …

Kniet nieder, betet,
Und dankt stille!

„Wir werfen nichts weg"
1990/91

> Es wird noch schlimmer
> euch ergehen in der BRD!
>
> Ein Direktor zur Institutsopposition 1989

Die Stunden noch nah, Stunden der Lichtfülle,
Kam von Sylt. Hochleben oder Aufenthalt,
Halt und ein Anhalten üben.
Und zurück mit dem Butt und der FAZ
Im schweren Koffer, Schmuggelware.
Und hinein in Szenen der Menschenjagden,
Der wilden Prügeleien:
Alexanderplatz.

Oktober war.

… flüchtige Schattenstiefel schwarze,
Harte Prügel schrien die Nacht entzwei …
Regen fiel. Und Tränen
Des Taxifahrers.
Zorn, Wut, wohin geht mein Weg?

Suchte zwischen Baugerüsten neuen Halt:
Chodowieckistraße 41: Da,
Er, ja er!
Unauthentisch, gebogen, knoblauch-
Übelriechend,
Fraß meinen Aufsatz, den ich ihm gab,
Und grinste mir ein
„Wir werfen nichts weg!"
Ins Gesicht
Als ich ihm sagte:
„Wenn Sie ihn nicht brauchen,
Werfen Sie ihn einfach weg."

Ach, später umarmte ihn der rote Willi –
Die Menschen, so blind, so blind.

Oh, es lauschten
In allen unseren Orten
Die geilen Ohren, Ohren geile.
Welche Nummer war
Die meine wohl,
Für ihrer Spaten Lager?
Die Straße marschierte, und
Ich sah da die Spitzel und
Staatsgeilen der Zukunft auch.

Heute haben das Sagen
Die Nachfolge-Genossen,
Jene der dritten Reihe.
Rote Riegen wiegen sich im Spiel
Und aus der Gönner Hand
Fließt satter Lohn.

Epilog

Alfred Herrhausen: November 1989 ermordet, un-
aufgeklärt;

Alexander Schalck-Golodkowski:
Dezember 1990 belohnt am Tegernsee, aufge-
klärt;

Detlev K. Rohwedder, April 1991 er-
mordet, unaufgeklärt.

Alles das und noch viel mehr,
War keiner weiteren Rede wert.

Tristesse und Maskerade
1992

Meine weißen Ebenen
Fehlen im Wirbelflockentanze hier,
Die Kinder fort, kein Jauchzen mehr,
Tristesses Sieg.

Masken, der schwarzen Spiele Zeit
Ist angebrochen, ist überwirklich da.
Gebrochen unser Selbst. Eure Maskerade
Uns übergestülpt. Einstens
Aßen wir aus euren Paketen,
Jetzt fressen wir aus euren
Lügenmäulern.
Nein,
Ihr logt nie!

Tugend heute II
1997

Nicht Arbeiter,
Warum auch?
Nicht Schöpfer,
Wozu auch?

Ver-
Saufen,
Ver-
Kaufen,
Ver-
Setzen,
Ver-
Letzen,
Ver-
Lassen,
Ver-
Prassen,
Ver-
Rennen,
Ver-
Pennen.

Städtebau II

2000

Keine Größe des Mutes
Und des Wurfes,
Kein Schaffen,
Keine Gestalt.

Prinzip der Negativität:
Dem Gegenentwurf
Folgt der Entwurf, und
Immer so weiter,
Immer so weiter.
Jahrein, jahraus:
Verwaltungsmasturbationen.

Und so entsteht der neue Stil,
Billigster Stoffe einer,
Fertig in einem Atemzuge,
Doch eingebaut
Haben die Frevler,
Die Frevler die,
Den Rückbau schon …

So schwafeln sie, labern sie,
Prüfen, prüfen und prüfen an ihren
Ach so runden, runden Tischen:
Kommissions-Kompromisse,
Hybrider Synthese Egalität.

Jetzt ruft es
2001

Ich bin hier,
Du bist da,
Meine Erdung ist die Erde,
Dein Himmel ist das Licht.
Ich warte,
Du ziehst dich zurück,
Drohst mit dem Tod.

Niedert das Böse

2003

In sanften Herzen,
Da niedert das Böse
Sein Trachten ein.

Wenn es

2005

Wenn es zutrifft,
Das große Hölderlinwort,
Wonach das Alte,
Das Verdorrte,
Nach dem Feuer lechzt,
Dann heißt dies nur,
Dass Wahrheit siegt.

Schmutziges Rot
2005

Sozialfaschismus.
Vom schmutzigen Rot
Tropft das Braun
Zerrissener Gesichter hernieder.
Wiedergeburten.

Arge und Arglist:
Hochglanzzynismen.

Ich, ich, ich war es doch, ich!

2006
Ein Fall vor Gericht

Saß er da, der
Herr der gelebten Distanz,
Der letzten Instanz,
Staatsgestützt, staatsgeschützt,
Staatsstützer,
Gewissenlos grenzenlos,
Fettgepolstert fettglänzend,
Fettauge, und sprach:

Was wollen Sie mehr erreichen?
Drei Jahre hat die
Geheimpolizei Sie als
Spitzel geführt, formal, ja-ja!
Sie vergaß zwar nicht einzutragen,
Dass Sie sich als Spitzel verweigerten,
Erteilte auch, voreilig vielleicht,
Die Registraturnummer,
Vergaß vielleicht, sie zu löschen,
Oder hatte Hoffnung, dass – und die,
Ähm, das ist, rechtsstaatlich, ähm,
Nun einmal, mein Herr! Ähm, also sind Sie
A r c h i v i s c h betrachtet
Ein Spitzel. Punktum.

Aber ich bin ja nicht so,
So genau nicht, ähm, will ich hier nicht sein,
Wir rechnen Ihnen, ähm,
Nicht die drei Jahre an,
Die bis zur Löschung der
Registraturnummer vergingen,
Sondern nur die Zeit, nur die Zeit,
Verstehen Sie, ähm,
Ähm, in der Sie geworben wurden,
Ähm, geworben wollten sollten,
Sollten wollten,
Und sich weigerten. Die Zeit der
Kontaktgespräche mit Ihnen, ähm, mein Herr!
Vom Beschluss her, ähm, mein Herr, ähm,
Sie als Spitzel zu wollen, bis zum Beschluss,
Sie abzulegen, zu a r c h i v i e r e n.
Die fast drei Jahre, ähm,
Wo der Beschluss zur Registraturstelle
Unterwegs war, rechne ich, ähm, ich!,
Hören Sie druff,
Ich!, Ihnen nicht an!
Was, ähm, was Sie da sagen, von
Selbstbestimmungsrecht, ähm,
Verfassungstreue, ähm,
Gehen Sie, gehen Sie, tut nichts zur Sache.
Schmarrn das, ähm.

Ich, ich war es doch, ich habe –
Nun lassen Sie mich mal ausreden, ähm,
Ich habe Sie auch ausreden lassen, ähm, ähm,
Habe Ihnen zugehört, ähm, zugehört, ähm,
Von Grundrechten äff ..., ähm, und so.
Ich, ich, ich habe, ich war es doch –
Sie haben es mir zu verdanken,
Ich habe aus den vierzehn Seiten
Ihres Spitzeldaseins in drei Jahren,
Drei Seiten gemacht.

Saß er da, der
Herr der gelebten Distanz,
Der letzten Instanz,
Staatsgestützt, staatsgeschützt,
Staatsstützer,
Gewissenlos grenzenlos,
Fettgepolstert fettglänzend,
Fettauge, und sprach:

Dreizehn Seiten Gespräche, ähm,
In drei Jahren gemacht. Ich,
Sie, ich Herr
Bürger, Sie. Ich, Sie –
Sie haben es, ähm, mir zu verdanken,
Sind's aber auch undankbar. Ähm, wir sperren
Die Seiten meinetwegen für die
Schnüffler, äh, Historiker, sogar weg,
Dass es keener lesen kann, ähm,
Dass Sie kein, pardon,
Ein Spitzel waren.

Nun lassen Sie mich mal ausreden, ähm,
Ich habe Ihnen auch zujehört, ähm,
Ich war es doch, der das machte.
Für Sie! Ich.
Wir sind Ihnen
Entjejenjekommen,
Haben doch rumjeändert da
Im Text, ähm, haben den Ermessens-
Spielraum großzügig,
Ähm, ausjelegt. Für Sie, ähm,
Mein Herr.
Für Sie!

Ging er, der
Herr der gelebten Distanz,
Der letzten Instanz,
Staatsgestützt, staatsgeschützt,
Staatsstützer,
Gewissenlos grenzenlos,
Fettgepolstert fettglänzend,
Fettauge.

Ohne mich, nichts
2008

> Er lebt nicht ohne Tod.
>
> Klabund: Ich will singen

Freigerissen, vom Wind,
Der düstere Himmel,
Mir.

Hier,
Wo der Seher, wider den Tod,
Zum Sänger wurde.
Der gebrochene Baum.

Machet sie zu Pulver
2010

Durch ein Sonnenloch im Meer
Sahest die Kinder purzeln,
Armelos und tot.
Du warst ein Delphin.

Ein Spektakel gebar der Tag,
Geschrieben stand: 19. Juli 1510.
Ein Tag der lauten Stadt.
Mild blinzelte die Sonne
Nach brünstiger Nacht,
Sie schämte sich, so schien's.

Ein Kesselflicker aus Bernau
Und 38 Juden schleppten sich
Zum Turm.

Die Hostie war's, die verkaufte, die
Anlass gab zu Brand und Raub.
Zum Turm schichteten
Die angesehenen Bürger die,
Ungefragt und voller Lust,
Das Reisig eifrig, hurtig eifrig.
Hämmerten die gelobten Handwerker die,
Die guten Christen die,
Die sonntagsfrommen Bürger die,
Rost über Rost,
Fleißig, fleißig.
Mannshoch klafften da die
Brandräume hoch hinauf, zu stillen
Die Gier des aufgebrachten Volkes.

Dem Schornsteinsog gleich
Griff das Feuer, verdampfte die
Leiber, ließ den Staub zurück,
Die Asche, – Pulver
Nannte dies der erste Mann
Der Stadt, der befahl
Das Feuerzungenschlecken,
Sie tief in den Hades zu schleudern,
Zum Ruhme Gottes.

Durch ein Sonnenloch im Meer,
Sahest die Kinder purzeln,
Armelos und tot.
Du warst ein Delphin.

Schlüpfrig
2010

Schlüpfrig die Mode,
Schlüpfrig das Theater.
Verlogene, grinsende
Gesichter, grinsende,
Verlogene Gesichter.
Die Gesichter der Entkoppelten.
Die Meister der Grimassen.

Grimassen-
Gesichter der
Entkoppelten.

L' homme borné, Teil I:
Ein Bundesbeauftragter
2011

Alles ist im Fluss.
Im Fluss ist alles!

Das ist doch nur ein Entwurf.
Ein Entwurf ist das doch nur!

Ich lade sie ein zu sprechen.
Zu sprechen lade ich sie ein!

Ich ermuntere zu denken.
Zu denken ermuntere ich!

Machen sie mit, verändern sie sich.
Verändern sie sich, machen sie mit!

Ist doch alles Quatsch, das will ich nicht.
Das will ich nicht, Quatsch ist doch alles!

Gehaltswahrung, von Gestern ist das.
Von Gestern ist das, Gehaltswahrung!

Mein Ziel ist die Öffentlichkeit.
Die Öffentlichkeit ist mein Ziel!

Ich habe nie ein Buch gelesen.
Gelesen habe ich nie ein Buch!

Es ist zu spät, gut, trotzdem reden wir.
Trotzdem reden wir, gut, zu spät ist es!

Ich bin beauftragt, ich lösche das Licht.
Ich lösche das Licht, beauftragt bin ich!

L' homme borné, Teil II:
Bildeten einen Kreis
2011

Die Geschlagenen
Bildeten einen Kreis,
Der Kreis bildete sie,
Umschloss sie,
Schützte sie, half ein wenig
Über das Übel hinweg:
Gruppe der Gekreuzigten.
Ausgesetzt, versetzt.
Geworfene.
In den Zwang
Getriebene.

Und schon trieben sie den Keil
Aus dem Kreis heraus,
Fiel er zurück auf das Böse
Und gebar einen Federstrich,
Riss in das Papier vor blanker Wut.

Tribunal

2011
Für Hildegard Emmel

Du einfach herrliche Frau,
Du schöne, du stolze Frau.
Da saßen sie, die Männer,
Feige im Rund, die Penner.
Weltklage: Welt als Klage?
Verlogene Fangfrage.

Geheimdienst
2012

Lückenlose Kontrolle. Verhinderung
Von Reisen ins sozialistische Ausland.
Die genossene Erziehung missachtet.
Operative Bereiche eingerichtet.
Die zur Kontrolle eingesetzten Kräfte.
Zu kriminell angefallenen Personen.
Empfehlung mit Entscheidungsfindung.
Erhalten wir systematisch alle Hinweise.
Die lückenlose Erfassung und
Verdichtung aller angefallenen
Personenkreise nach Täterpersönlichkeit.
Besonders bei Rückfalltätern und
Jugendlichen. Die Mehrzahl aller Personen
Sind dekadent. Genossen Offiziere:

Die systematische und differenzierte
Erfassung. Das Zusammenwirken
Mit den Organen der Volkspolizei. In
Kombination mit Vorbeuge-
Gesprächen zur Herausarbeitung von
Konfliktsituationen.

Obwohl grundsätzlich instruiert
Und beauftragt, läuft alles aus dem Ruder.
Genossen Offiziere!

Dunkelgräfin, 1952
2012
Aus der DDR-Geschichte

… entschieden ablehnten,
Den Weg der DDR. Sie
Konsequent ablehnte,
Die Verpflichtung zu unterschreiben.
Wurde sie gestrichen. Gestrichen!
Strich durch den Namen. Freiwild.
Ostbüro, Juristenausschuss.
Pilgrim: Aus dem Lande.
Fort, fort, fort.
Ausgestellte Zuverlässigkeitsbescheinigungen.
Reaktionäre Funktionäre der CDU.
Zurückwollende.
Ortsgruppen. Das Hotel
Dunkelgräfin da.
Eine Vertrauensperson der Widerstands-
Bewegung gegen das Sowjetsystem.
Wurden angegriffen, ergriffen,
Sie zeigten sich „äußerst reaktionär".
Wollten Christus auf Erden:
Reaktionär dies, wurde geschrien …

Immer wieder das alte Lied.
Später auch noch.
Heute wieder.
Morgen aber kommt Jesus
Zurück.

Wohin wir auch rutschen, weiter so
2012
Für Carolin Eidner

Wohin, Jeremia,
Bist du gegangen,
Gegangen, gerutscht?
In die Ben-Esra-Synagoge?
In Kairo.
Ich glaube es nicht.
In das Kloster Deir Apa Jeremia?
Nahe der Stufenpyramide von Sakkara.
Zerstört durch
Islamisch-arabische Horden.
Einst.
So war es.
In Ägypten. Zerstört.
Sprach er:
Habt ihr vergessen?
Sieh, der Wind peitscht
Den Bodensand durch die Ruinen
Von Deir Apa Jeremia.

Und sieh auch, in ein Blumenrund
Im belgischen Gent,
Ragt eine Rutsche hinein,
Vom Himmel her.
War sie nicht einst vergraben worden
In den Boden bei Bonn?
Was schon, ist der Ort uns.
Was schon, ist die Zeit uns.

Jeremia ist unter uns.
Gibt Kreise und Brücken uns.
Jeremia ist über uns.
Gibt Kreise und Brücken uns.
Jeremia ist mit uns.
Gibt Kreise und Brücken uns.
Ihn zerzauste kein Sandsturm.
Er rutschte nicht haltlos weg.
Nicht in den Himmel, nicht in die Hölle.
Er ist uns geblieben.
Wie in einer Blumeninsel.
Erdverliebt. Der Klagende.
Wohin wir auch rutschen,
Es geschieht nicht haltlos.

Du teilst mein Sehen nicht.

Wortkehren
2012

Den Sinn des Ursprungs
Bereits im Fluge pervertiert:
Torsionszeitalter.

Ab- und einträglich
2013

Das intellektuelle Schrittmaß
Zwangsverjackt,
Im milchig-trüben Nebel
Abgesackt.

Abträglich die Kultur,
Zuträglich die Natur, – noch.
Abträglich die Tradition,
Zuträglich die Mission, – noch.

Wie Damwild, sind wir ihnen, noch
Un-um-zäuntes.
Versperren uns die Refugien,
Versperren uns die Wälder,
Versperren uns die Wasser,
Versperren uns die Gebirge,
Versperren uns die Luft.
Wie Damwild, sind wir ihnen, noch
Un-um-zäuntes.

Allumfassend beobachtet,
Jederzeit grifffähig.
Jederzeit frei zur Aussperrung.

Was, wenn ihr

2013

Was, wenn ihr
Den Körper verändert,
Ergänzt,
Den Geist durchtränkt
Mit der Gier des Monströsen?

Tod

2014
Für Robert Havemann

Dekadenter Intellektualist,

Schrie Freisler;

Feindhörig Auslandssender abgehört,

Schrie Freisler;

Lebte feigen Defaitismus,

Schrie Freisler;

Nagte unseren Kampfwillen an,

Schrie Freisler;

Tarnte Juden als deutschblütig,

Schrie Freisler;

Rüttelte an unserer, des Reiches Sicherheit,

Schrie Freisler;

Für immer ehrlos werden Sie mit dem
Tode bestraft,

Flüsterte Freisler
Genüsslich.

Der Tod ist ein Meister aus Deutschland,

Sagte mein Freund, der Dichter.

Verwandlungsversagen

2015

Wer verwandelt sich
Heute noch?
Fortschritt kennt keine Verwandlung.
Fortschritt hasst alles Alte.
Metamorphosentode.

Die Ecksteine,
Wahllos hinverstreut.

Wolfseinbruch

2018

Ins Land
Geholt,
Die Wölfe,
Reißen uns in Stücke.

Ins Land
Geholt,
Die Wölfe,
Reißen uns in Stücke.

Ins Land
Geholt,
Die Wölfe,
Reißen uns in Stücke.

Sie greinen nur III
2023

Sie greinen, beweinen
Immerfort und immerfort
Den Verlust, nur den Verlust,
Sehen nicht das Neue,
Den neuen Weg,
Die Chancen,
Den Mut-Gewinn,
Ihre Einmaligkeit,
Ihre Souveränität,
Ihre Zivilcourage.
Ihre Gott-Gewolltheit.

Sie greinen, beweinen
Immerfort und immerfort
Den Verlust, nur den Verlust,
Den ihnen der Staat zufügt,
Den sie wählten, wählen und
Wählen werden.

Heiliger Grenzen Kreise

2024

Den Kreis ziehe ich,
Ich allein:
Noli me tangere!
Das gilt, meine Grenze gilt.

Gilt euch, Barbaren
Von altersher.

Des Lebens eigen Reigen

„stone after stone of beauty cast down"

Ezra Pound

Freundschaft
1978

aber lebenszeichen einander flüstern und
dem bann fliehen auf der suche
nach spiegelscherben
gleicher reflektanz
spring zu mir
ersehnter
gedanke
zur besinnung
auf kindliche lust sanft
bringst du das latente bild
mir nahe zum überprüfen auf
gleichmögliche frequenz eins zu
eins und weniger aber ist das glück nicht

Bahnhöfe der Sehnsucht
1985

Grauschwarz verstaubt,
Ragendes Metall, uralt,
Alten Zwecks,
Rost ist kein Tod.
Und Gleise verzweigt,
Wo zerklüfteter Backstein
Alter Gebäude verworfen.
Das Rot eines Signals,
Ein vergessenes Licht.
Abwegige Wege, von
Fluchten träumen,
Raus aus dem Abstellgleis –.

Den Unsteten ist keine Bahn gegeben,
Kein Grün, das ihnen da strahlt auf Stahl,
Getriebene sind sie,
Hineingesetzt in den
Geschäftigen Schall
Zwielichtigen Aufenthalts.

Irrwege und Weisheit
1988

Weglinien, irr gekreuzt,
Hinterließen Spuren –
Erfahrene Gesichter, reife.
Und in einem tieferen Sinne
Freie.

Ich fahre um
Zu erfahren.
Unterwegs gewesen sein,
Heißt: Zeichen verborgener
Weisheiten heben.

Seit Urzeiten
Urteile brechen,
Urteile wagen.

Amor fati
1999

Das Schönste ist
Amor fati:

Gesänge Eric Claptons.

PS-Lyrik I

2000
Für Boysen und Nietzsche

Der Tod des Todes
Ist der Kunst Tod.
Ist aber keine Kunst,
Dann ist Gewalt.

Also, da,
Da starb er also.
Oder war es schon geschehen?

PS-Lyrik II

2000
Für Boysen und Nietzsche

Der Tod des Todes
Ist der Kunst Tod.
Ist aber keine Kunst,
Dann ist Gewalt.

… Vertrocknete Schamlippen
Projizieren
… … … die Lippen
… Männer

Chemie
… vergeblichen Bemühens.

PS-Lyrik III

2000
Für Boysen und Nietzsche

Der Tod des Todes
Ist der Kunst Tod.
Ist aber keine Kunst,
Dann ist Gewalt.

In meiner Gewalt
Steht nicht der Wahnsinn,
Der mich befällt,
Aus eurem Wahnsinn.

Der erste Ring
2001

Der erste Ring
Ein Halt an sich. Mutterhalt.
Noch keines zweiten Mundes
Bitterkeit lächelnd in
Unwissende Lippen hinein.
Kein Wissen. Ein Lachen
Froh, ein weinender
Stoffbär an seiner Hand.
Vom Frühfrost steif,
Ein Wollhandschuh.

Halme
Ringsherum.

Ein erster Ring
Des Baumes, ein
Dasein ohne Referenz.

Der zweite Ring

2001

Hinweggetaucht
Dein Anfang.
Als Ich duftete
Das Leben, Wolken
Aufgesammelt.
Erdgeruch. Dem Himmel nah.

Steine, Halme
Ringsherum.

Ein zweiter Ring
Des Baumes, noch
Keine Schuld.

Der dritte Ring
2001

In Händen das Feuer,
Gezündet in der Nacht.
Gelbes Licht.
Stoben die Feuerkugeln, plötzlich
Aus dem Nichts:
Der Tod ein Wort,
Das Wort ein Ort.

Halme, Steine
Ringsherum.

Ein dritter Ring
Des Baumes,
Liebe und Schuld,
Schuld und Liebe
Ohne Sühne.

Der vierte Ring
2001

Ein Winter. Tief eingefroren.
Vom Herbst ein Bild:
Kartoffellauch, Steine da,
Erdgeruch.

Steine
Ringsherum.

Ein vierter Ring
Des Baumes,
Der Himmel nah.

Kristall
2001

Schneidend ein Kristall.
In meiner Hand, später Herbst.
Novemberlicht. Goldener Strahlen
Altsommer, flach und hart.
Reifweiß.

Ich werde aufstehen müssen.

Ohnmächtige Erinnerung
2011

Wie gibst du mir
Den Ruch des nassen
Holzes wieder,
Inmitten der schlagenden Wellen
Des geopferten Meeres?
Tauchte dort in der Nacht
Nicht der tote Fisch auf? Ihm
Lag quer über das Maul
Geworfen
Das zerrissene Netz
Des letzten Fischers,
Gewunden und schief.

Ich lag da im Mantel
Der versunkenen Sonne,
Rücklings im Schlamm meiner Pfütze.
In morte sumus.

Alles bleibt ein Fenster
2011

Im Blätterreigen des Spätherbstes
Spielst du auf der Harfe
Wiesenträume.

Storl saß da,
Ich auch.

Kommt alle, ins Helle!,
Und das Dunkle bleibt
Zurück, versiegt. Ein
Jeder ist ein Fenster.

Fisches Rose

2012

Kreuzweise
Kam gekrochen,
Des Fisches Skelett,
In die Lust der Rose.

Ich setze dich fort, gestülpt,
Vom anderen Ende her.

Weltentfaltung
2012

In die Ruine getragen,
Der Torso dort. Ruinös.
Fotosession der Prachtfrau.
Weltenfaltung:
Portamento.

Im Nichts der Einsamkeit
2012

Der Unglücksbringer,
Selbst ein Notwendiges.
Amor Fati.
Dies alcyonides.
Das reine Gehen versank
Im Nichts der Einsamkeit.
Sein Lied von der Ungleichheit
War das Unsere einst. Meines.
Ich trank es aus. Gierig.
So Gierig. Unersättlich.

PS-Lyrik IV
2012
Für Boysen und Nietzsche

Der Tod des Todes
Ist der Kunst Tod.
Ist aber keine Kunst,
Dann ist Gewalt.

In den Himmel hoch-
Gerissener Seelenschrei.
Gestillt im Blutrausch des Adlers:
Des Dämonen Todesstreich.

PS-Lyrik V

2013
Für Boysen und Nietzsche

Der Tod des Todes
Ist der Kunst Tod.
Ist aber keine Kunst,
Dann ist Gewalt.

Sprengst du, Künstlerin, Carolin,
Dir die Bedeutung deiner Begriffe vom Hals.
Zerstörst du die Lügenhüllen,
Machst du dich taub, um hören zu können,
Glühst du im Pathos der Sinn-Losigkeit,
Lauschst du in das ungeformte Sein zurück.
Und wachst du auf, siehe, da üben
Deine alten Begriffe wieder Gewalt aus.

So sind wir Gewordene nur des Einst,
Ohne Kunst.
In Käfigen aus Stahl.
Hausen.
Da willst du raus,
Dein Haus verlassen.

PS-Lyrik VI

2013
Für Boysen und Nietzsche

Der Tod des Todes
Ist der Kunst Tod.
Ist aber keine Kunst,
Dann ist Gewalt.

Des Höllenhundes
Gebrüll galt uns,
Galt der Liebe,
Galt der Liebe.

PS-Lyrik VII

2013
Für Boysen und Nietzsche

Der Tod des Todes
Ist der Kunst Tod.
Ist aber keine Kunst,
Dann ist Gewalt.

Der Wurm, gekrümmt,
Die Hoffnung flach,
Die Erde deckt den Himmel zu.
Der Tod streicht geradeaus!

In den Abgrund getan
2014

In den Abgrund getan,
Meine Hoffnungen.

Da falle, Schicksal, nicht
In den Rachen des Todes,
Des Undankbaren, Unsagbaren,
Des Unsäglichen!
Falle, Schicksal, hoch und
Höher! Und
Mit dem Himmelsbogen
Auf mich wieder nieder und
Küsse meine Stirn,
Die blumennichtumkränzte.

Wolkenflusstage
2017

Lasse deine Wolken fließen,
Kristallin um mich flirren.
Der Tage Zug,
Plag' um Plag',
Sag zu, und tu!
Ich denke blind
In deiner Sprache.

Impression III
2023

Schneebälle, -fälle,
Bunte, kleine, große,
Kunterbunte,
Rundherum im
Schneegefälle
Fallen runter munter.

Mondgedicht II

2024
Für und nach Sergej Jessenin

Widerschein der Mondin, weicher Klang,
In Weiden hineintrauernd, in das Geflüster
Der Pappeln einverwandelt, in den Schrei
Der Kraniche.
Oh, keiner ahnt mehr meiner Liebe Ebenen.

Auch du bist ein Baustein

„Nur eine ecclesia militans hat die Intoleranz nötig;
jede tiefe Ruhe und Sicherheit des Glaubens erlaubt
die Skepsis, die Milde gegen Andere und Anderes."

Friedrich Nietzsche

Elementarteilchenwahn
1988

Giftige Wellen schlagen gegen Ufer,
In fahlen Wäldern weilt kein Gott.
Da die Stadt, da thronen sie,
Sie, die Physiker,
Versunken im Kosmos „Atom".
Das Ganze verloren,
Das Wesen verkannt,
Ihnen ist heilig nur,
Was Teilchen heißt.

Mythos Urknall:
Neuer Gott!

Den Kosmos zusammengeschmort zum
Ei, zuckerwürfelgroß,
Einfach geil,
Staunen sie vor ihren Computern,
Die sie,
Sie!,
Ja, sie!,
Sie selber ja machten,
Die Macher.

Einst aber, da saßen wir in Hainen,
Sprachen vor hohen Marmorsäulen,
Und hatten noch
Ohren hinter den Ohren.

Kampf und Einheit
1998

Keine Einheit ohne Kampf,
Kein Kampf ohne Einheit.
Der Gegensatz ist ein Vater,
Ein Anfang.
Die Einheit ist eine Mutter,
Ein Ende.
Der Friede ist eine nichtige, weil
Menschliche Erfindung.
Er ist kein Urteil,
Er ist ein Wunsch.

Nur Gottvater ist Alles
In Allem.

Kraftfeld I

1999

Kraftfluss ewiger,
Bewegtes und Bewegendes,
Ungeschöpft, unbegrenzt,
Kraftwalten Gottes,
Ewig rätselhaft,
Notwendig und klug,
Den Erkennenden nicht geschenkt.

Kosmos „Gott",
Von den Alten
Logos genannt.

Via mala:
Oh! Wille zur Macht;
Oh! Ewige Wiederkehr desselben;
Oh! Rollendes Rad.

So fließen aus des Anfangs Wahrheiten
Der Welten ewiger Rätsel Antworten.

Stadtlärm
2003

Stadtlärm, höchster Pegel
Waffenstrom.
Plattgelärmt des Vogels
Vogelflug.

Da, plötzlich, schimmert
Der verstohlen klingende
Klang herüber.

Ein Glockenklang.
Doch wo die Kirche,
Wo?

Beide Welten
2005

Doch beide Welten,
Erde und Himmel,
Vereinst du
In einem Punkt:
Ursprung.

Vom Himmel losgelöst
Scheint mir dein Weinen
Vom Seengrund herauf.
Was zieht dich so hoch?

Gott,
Dein Schicksal,
Du dankst es Ihm!

Stahlschmelze
2006

Schlägst du, Fluss,
Eingefrorener,
Brücken, Mühlen, Stürze
Aus dir heraus.
Wartest du still auf mich?

Aber was tatest du,
Fluss, als Stahl-
Herzen mich schmiedeten?

Mit Liebe schlug Er
Die Brücke über den Fluss
Zu mir, und warf den Tod
Hinaus in den reißenden
Strom der Zeit.

Auf und Ab, Auf!

2006

Rückkehr zu sich selbst,
Immer wieder,
Immer wieder!

Dunkle und helle Kehren,
Schwarze, ja und nein.
Fürchte nicht den Tag,
Den raubenden.

Diesem Tag folgt, gewiss,
Der schenkende eine,
Immer wieder,
Immer wieder!

Die Schatten schlagen,
Das dunkle Wort brechen,
Nicht klagen.

Still sein können
2009

Stille leben
Stille fordern
Stille zulassen
Stille verjagen
Stille schätzen
Stille schaffen
Stille lieben
Stille vermeiden
Stille schützen
Stille üben
Stille aushalten
Stille fürchten
Stille besitzen
Stille lernen
Stille hören
Stille suchen
Stille finden
Stille fangen
Stille hassen
Stille flüchten
Stille erobern
Stille austreiben
Stille meiden
Stille finden
Stille jagen

Still sein können.

Verbundene Türen
2010

Du gehst nur auf,
Wenn ich aufgehe,
Ich gehe nur auf,
Wenn du aufgehst.
Es braucht immer beide:
Gott und Kreatur,
Gottesdienst und Dienst am Menschen,
Mystik und Gebet,
Meditation und Kontemplation,
Metaphysik und Rationalität,
Frau und Mann,
Tier und Mensch,
Stein und Pflanze,
Wasser und Feuer,
Geist und Körper,
Himmel und Erde.

Doch die Seele
Bleibt zu zweit,
Sie wandert, lacht und weint,
Bleibt zu zweit,
Hat Stimme und Ton,
Bleibt zu zweit.

Póros III
2011

Sie steht noch immer, wer wollte
Es bestreiten. Am Himmelszelt, die Lyra,
Noch immer. Was ist Zeit?, hier!,
Die verflossene und künftige?
Steht sie nicht still?, hier,
Bist du noch? Mehr als in einem Torso noch?
Steinweisheit. Hier ist deine Form, deine
Gestalt. In dieser Zeit, hier,
Wo nichts mehr ist, nichts?
Nicht deinen Namen
Finden sie, hier. Sie kennen ihn
Nicht mehr, hier.
Sie sind blind, sie sind taub. Hier
Und dort. Doch
Ewig ist die Schönheit.
Das mykenische Grab, sieh! Waren dir
Die hyperboreischen Jungfrauen nicht, hier,
Erschienen, und Leto? Ihr seid, Priesterinnen,
Doch geblieben?, hier.

Sag es mir, Abaton!

Das Licht Gottes

2011

... und lauschen dem nächtlichen
Flüstern des Baches im Tal

Khalil Gibran: Das Leben der Liebe

Ja, es gibt Gott. Gäbe
Es ihn nicht, könnten
Wir ihn nicht denken, hätte
Der Herr ihn nicht gesehen.
Du musst ein einziges Mal nur
Diesen Sonnenaufgang
Erlebt haben,
Diesen einzig einzigartigen,
Dann weißt du,
Um zu wissen,
Wie er dem Höchsten
Zufeiert,
In einem immer wiederkehrenden
Ringen der Sehnsucht
Nach dir.

Sieh, auf dem Felde, da salbte
Die Stille die Wogen goldener
Ären, wo von unsichtbarer Hand
Eingesät der Sonne Farbenkinder,
Ein Rot und ein Blau sich tollten:
Ein Mann und eine Frau.

Im weißen Licht
2011

Ja, einmal schon sah ich Gott
Und die Seinen, Licht und
Lichtumtränkt der Altar des Himmels.
Stille war,
Und großer Frieden
In ihrem Tun.

Kuretenwelt

2011
Für Anke

Zwei legtest du zu Fünf, –
Deiner Gegner Zungenreden
Warst du nicht gewachsen, ihr
Kuretengassenlärm
Machte dich stumm.
Im Synthronon saßen noch immer
Die Weisen und würgten an den zerschlissenen
Lügen der schwarzen Schlangen.

Fünf legtest du zu Zwei, –
Leise war dein Gebet, legte
Sich sanft Seine Hand auf dein Haar.

Weißt du, wie es ist?
2011

Weißt du, wie es ist,
Wenn der Vogel
In deiner stillen Nacht,
Angetan vom Geiste Gottes,
Dir dein eigenes Lied singt?

Des Mystikers Sagen I
2011

Ich wählte den Kreisel, zog
Dominostein Sechs mit Fünf, und
Würfelte dreimal die Drei.

Des Mystikers Sagen II
2012

Lag der Zapfen,
Küsste ihn, nahm den
Stein des Herzens, und
Würfelte Fünf, Vier, Fünf.

Des Mystikers Sagen III
2012

Über das rote Gefäß
Gestülpt der rote Kristall,
Da loderten zwei Herzen
Hervor: die dritte Rose.

Des Mystikers Sagen IV
2012

Die weißen Linien im grauen Stein,
Das doppelte Dreieck,
Geschmiedete Strahlen des Feuers,
Des einstigen Feuers, vorbeigelegt
Am Kreuzpunkt Seiner Berührung

Mit dir.

Des Mystikers Sagen V

2012

Seine Worte sind's, hin-
Geschriebene, heraus
Gerissene –
Woraus?

Dem Seltenen hin,
Für Ihn.
Gewidmet dem Einst,

Einem Einst.

Die drei Gleichen I
2012

Ein verliebtes Spiel der Natur,
Meisterlich, die Architektur.
Lustlied der Menschenkreatur,
Allein durch Gott gewinnt Kultur.

Wachsenburg, ein Maß des Maßes,
Rund und erhaben, Er weiß es.

Segenlabyrinth
2012

Gottes Labyrinth,
Gottes Segenlabyrinth.
Du hattest diese einmalige Gnade „Gott"
Erhalten, dein Auge
In Seinem See zu baden.
Ewiglich.

Seither hast du keine Wahl,
Denn wo Wahl war,
War auch Irrtum –
Und Angst.

Es geschieht
Nicht umsonst dir,
So wirst du einst zurückgenommen werden,
Zu Ihm, in Seine wohltuenden
Hände hinein.
Nach sieben Läufen.

Ostern

2012
Für Anke

Nun gehörst du
Ihm, und
Maria, und
Dem Mystischen.

Vergiß mir
Die Erde nicht!

Schattenströme III
2013

Warst du nicht rein
Reingekommen in die Welt? Die
Schmutzigen Flüsse der Menschen,
Warum solltest du sie kennenlernen?
Ein „Fürchte dich nicht!",
Rief dir kein Mensch zu.
Doch Er war da, das
Aber wusstest du noch nicht.

Der bösen Menschen Schwefelgeruch
Glitt durch die Totenschluchten,
Und durch die vergitterten Fenster schlugen
Dir die Schattenströme ins Gesicht.

Er aber war zu dir nachgestiegen,
Dir, in die finsteren Täler,
Die du durchwandertest.
Mit Ihm verbrennst du nun
Die Feuer alter Barbarei.

Versagen
2013

Ich wollte, ich hätte
Gehört, ich hätte
Gesehen, ich hätte
Gespürt.

Sie schreien,
      die stummen Schreie.
Sie liegen,
      die gebrochenen Glieder.
Sie stinken,
      die gedunsenen Leiber.

Ich wollte helfen,
Doch fand ich, Er,
Er könne es besser …

Lebensmuster
2014

Geschnitten liegt schief
Dein Leben, du schnittest tief
Hinein die Wunden der Liebe.
Er aber, Gott, erlitt die Triebe
Mit, geduldig führte Er deine Hand
Hin zu einem heiligen, neuen Band.

Glockenklang

2014
Für Anke

Heller Glockenklang,
Der weiße Kirschbaum
Schwankend am fallenden Bach,
Jubelnder Gräserblütenfluten.

Sag's Gott, sei's unbeholfen auch,
Er lacht dir, deinem Herzen zu,

Freudentränen zu.

Gottesliebe

2014
Für Anke

Gottesliebe ohne Inbrunst
Mit der Natur ist wie der Himmel
Ohne Erde, ach,
Wie ein Weib ohne Mann,
Eine Blüte ohne Samenwind.

Lebensweisheit
2014

Aus Ihm selbst,
Da schöpfe
Wie die Quelle
Am hohen Berg
Vom Himmel nur.

Lebe die Natur, so
Schenkt sie dich
Ihm zurück.

Irrtum und Erlösung
2015

Wenn du in deinen Irrtümern
Wartest aus Feigheit
Wie die geschundenen Seelen von Waterloo,
Halte einen Halm
In den Windhauch des Himmels, dann
Strahlt dir die Gewissheit der Liebe des Einen.

Gott ist kein Schiff
2016

Gott ist kein Schiff,
Das ich besteigen könnte,
Gott ist das numinose Meer.

Das eine geht unter,
Das andere trägt.
Ein Äon.

Impression am Morgen
2016

Die Sonne steigt auf
Und Meere von Blüten
Der Kirschbäume zwitschern,
Ach, lachen die Vögel
So weiß herab. In uns zu-
Geboren von Gott.

Nunc dimittis
2017
Lukas 2,25-35.

Zeit der Dunkelheit. Sie brach uns
Eine Hoffnung entzwei.

Gebrochen. Nicht mehr offen. Der
Mensch ohne Horizont.

Wem heiligst Du, Gott?
Die mit Dir gehen ins Kreuz,
In Deine offenen Hände fallen.

Gaudete!

Loreto
2017

Das offene Haus, hin
Zum offenen Platz.

Gott, das offene Meer.

Die drei Gleichen II
2018

Hügel, Schatten,
Friede, Liebe, Licht.

Gott!

Trau dich!
2018

Vertrauen und Glaube:
Den Trauben trauen.

Trau dich!

Immaculata
2023
Für Anke

Sahest gen Süden,
Kurz vor Tagesanbruch, aufstrahlendes
Leuchten der Kupferberge am Himmel.
Dort, die vier Pferde,
Eines herrlicher als das andere,
Stoben hinaus in alle Richtungen.
Du verstandst es nicht, noch nicht.

Wer bist du, oh Immaculata?
Zeichenspendende, du!
Siegerin in der Schlacht Gottes,
Der letzten, am Ende der Welt.
Strahlst durch uns hindurch,
Sonne, den Mond unter deinen Füßen!

Zeitenwende:
Und wie,
Wie erreichte sie dich?

Dich, ja
Dich!

Ruhig liegen dir die Berge der Aufwallungen,
Ruhig die Meere der Versuchungen.

Ruhig, ja
Ruhig!

Das Schwert, Maria

2023

Das Schwert,
Das dir hineingerammt,
Ins Herz,
Mittendurch,
Splitternd, Schrei und Schande.

Menschenursünde eine immerfort.

Im Lot
2023

In die Mitte,
Im Lot, da
Fällt die Gnade ein,
Trifft deine Seele,
Haarscharf ins Herz.

Gib Obacht!

Ungefragt
2023

Ich küsse Dich,
Maria,
Ungefragt, unbestraft,
Auf den Mund!
Wohin denn sonst.
Immer wieder
Und immer wieder.

Sühnelos.

Unserer Welt Lauf
2023

Am Anfang war das reine Wort.

Aus der von Sünde
Verdrängten Klugheit
Des Anfangs
Folgte der Welt
Mitte, folgte
Das Wort Jesu.

Am Ende aber
Wird Sein Wort
Zurückgenommen sein,
Zurück zum Vater
Gegangen sein.

Du, ein Baustein!

2023

Man wird dich nennen
„der Breschen vermauert",
„der wieder bewohnbar macht Ruinen".

Jesaja 58, 12

Auch du bist ein Baustein
Am Tempelbau Gottes!
Was das bedeutet?

Wüsstest du es,
Dann lebtest du!

Anmerkungen

Seite 7: Katechese, 30. Januar 1980, in: Johannes Paul II.: *Die menschliche Liebe im göttlichen Heilsplan. Eine Theologie des Leibes.* Kißlegg 2008, S. 154.

Seite 35: Le Ciel est mort: Der Himmel ist tot. Versbeginn aus der sechsten Strophe des Gedichtes „Der Azur" von Stéphane Mallarmé.

Seite 42 f.: Stimmung: „Double Trouble" von Eric Clapton; Tokio, Budokan Theeatre, 1979. Zitate: Stéphane Mallarmé aus „Nachmittag eines Fauns" und August Graf von Platen „Der Liebe Blütenstaub, o Freund, zerstiebe nie".

Seite 47: La lontananza è il fascino dell' amore: Die Entfernung ist die Faszination der Liebe. Von Corrado Alvaro.

Seite 54: Nachdichtung von Sapphos „Mondgedicht".

Seite 55: Benedikt XVI.: *Deus Caritas est.* Augsburg 2006, Kapitel 10, S. 42.

Seite 74: Eine zweite Fassung von 2020 ist veröffentlicht, in: *Sonnenfrost.* Würzburg 2023, S. 77.

Seite 75: Nitimur in vetitum: Wir streben nach Verbotenem. Formel von Ovid und Nietzsche.

Seite 77: Carl Friedrich von Weizsäcker: *Die Zeit drängt. Das Ende der Geduld. Aufruf und Diskussion.* München 1989, S. 81.

Seite 86: Freie Nachdichtung aus dem Russischen und gemessen an der Nachdichtung von Elke Erb, in: Jessenin, Sergej: *Oh, mein Russland. Gedichte und Poeme.* Berlin 1982, S. 9.

Seite 87: Prenzelberg, eigentlich: Prenzlauer Berg, Stadtbezirk in Berlin. In der ehemaligen DDR ein Hort alternativen Lebens, Dichtens und Denkens. Foto:

Aufnahme des einstigen Dichtercafés aus dem Jahr 2024. Seit vielen Jahren schon geräumt und mehrfach renoviert. Waren die Abhörkabel schuld, dass man rasch, auffällig rasch das Café zweckentfremdete? Wer endlich, so ist zu fragen, arbeitet die Geschichte des Cafés auf? Der zitierte erste Text: Miroslav Krleža lässt ihn in einem von Intellektuellen gern besuchten Café sagen, und zwar Patrizius Baltik zu Niels Nielsen, in: *Bankett in Blitwien*. Berlin 1963, S. 304. Der zitierte zweite Text: Kraus, Karl: „Der Hanswurst", in: *Die Fackel*, Nr. 245 vom 28.2.1908, S. 1–4, hier 2.

Seite 90: Die dritte Strophe ist veröffentlicht, in: Gerbergasse 18, Nr. 99 (2021), S. 21.

Seite 92: Siehe meine Story: „Kein Zaungast im Wiener Café. Oder: vom Zangengriff der Zensur.", in: Gerbergasse 18, (2021)2, Heft 99, S. 21–27.

Seite 102: Obsulat, o fili!: Höre, mein Sohn!

Seite 103: Zur – wie ich meine, zeitlosen und heute wieder hochaktuellen – Verführung der Jugendlichen, wonach sie „dazu verurteilt" sind, „gegen ihren Willen einer Philosophie zu dienen, die sie" eigentlich „verabscheuen, oder aus Disziplin eine Lehre annehmen, an die sie nicht glauben können.", in: Jean-Paul Sartre: *Drei Essays*. Zürich 1962, S. 53. Hier aus dem Essay „Materialismus und Revolution".

Seite 119: Exustus ager: Verbranntes Feld.

Seite 122: Bonum est sperare in Domino, quam sperare in principibus: Besser ist es, auf den Herrn zu hoffen, als auf Fürsten zu vertrauen.

Seite 123: Friedrich Nietzsche: Zarathustras Rede über den neuen Götzen „Staat", in: *Also sprach Zarathustra. Ein Buch für Alle und Keinen*. Nietzsche Werke. Kritische Gesamtausgabe, Bd. VI/1. Berlin 1968, S. 57 u. 59. Darin eingefügt ein Zitat von Hans Buchheim:

Totalitäre Herrschaft. Wesen und Merkmale. München 1962, S. 57.

Seite 125: Inspiriert durch die Lektüre der Erzählung József Lengyels: *Die Bekenntnisse des Richárd Trend.* Berlin, Weimar 1976.

Seite 132: Winston Churchill am 13.5.1940: I have nothing to offer but blood, toil, tears and sweat: Ich habe nichts zu bieten außer Blut, Mühsal, Tränen und Schweiß.

Seite 136: Gutta cavat lapidem: Steter Tropfen höhlt den Stein.

Seite 148–151: Ein Bescheider vor Gericht gegen Wieland Freigang. Explizit zum Rahmen in: Buthmann, Reinhard: *Konfliktfall „Kosmos". Die politische Geschichte einer Jugendarbeitsgruppe in der DDR.* Köln, Weimar, Wien 2012, S. 176 f. Hier dichterisch verfremdet.

Seite 153 f.: Rabenstein, Ort des Hochgerichtes. Heute vermutlich der Strausberger Platz in Berlin. Verantwortlich für den Mord war der Bürgermeister Hans Brackow, dem das Amt des Richters oblag. Das Gericht tagte vor der Marienkirche auf dem größten Platz der Stadt. Am Tag darauf köpfte der Scharfrichter zwei weitere Juden, die sich vorher hatten taufen lassen (Peter und Paul). Der Anlass der Schandtat war eine vom Kesselflicker Paul Frohm an den Juden Salomo verkaufte Hostie. Salomo soll die Hostie später geschändet haben. Das aber war der eigentliche Grund ihrer Hinrichtung: Teile der wohlhabenden Bürgerschaft der Stadt waren bei den Juden verschuldet. Es war also purer Raubmord.

Seite 156 und 157: L' homme borné: Der engstirnige Mann.

Seite 158: Germanistin. Ihr Goethe-Buch wurde ihr in der DDR zum Verhängnis. Emmel, Hildegard: *Weltklage und Bild in der Dichtung Goethes*. Böhlau und Weimar 1957. Der Fall ist dargestellt in: Buthmann, Reinhard: *Versagtes Vertrauen. Wissenschaftler der DDR im Visier der Staatssicherheit*. Göttingen 2020, insbesondere die Seiten 136–144, 298, 301 f. u. 323.

Seite 161 f.: Carolin Eidner: Die Rutsche. Knowing something in spite of nothing. Galerie Max Mayer. 2012.

Seite 166: Karl Roland Freisler, der Nazi-Blutrichter schlechthin. Sein Zeichen: teuflische Häme.

Seite 170: Der Titel ist inspiriert von Friedrich Nietzsches Zarathustra: „Ich schließe Kreise um mich und heilige Grenzen", in: Nietzsche Werke. Kritische Gesamtausgabe, Bd. Mp XVI. Berlin, Boston 2020, S. 50v.

Seite 171: Stone after stone of beauty cast down: Stein um Stein geht das Schöne unter, in: Pound, Ezra: *Erlebte Poesie. Pisaner Cantos LXXIV und LXXXI*. Berlin 2021, S. 53, Canto LXXIV, Vers 814. Die Skulptur fotografierte ich 2021 im Putbuser Park.

Seiten 175 und 188: Amor fati: Liebe zum Schicksal. Nach Friedrich Nietzsche höchstmögliche Liebesbejahung. „Meine Formel für die großen Naturen ist amor fati.", in: Nietzsche Werke. Kritische Gesamtausgabe, Bd. W II, 10. Berlin, Boston 2017, S. 44.

Seite 176–178 u. 189–192: PS bedeutet Postskriptum.

Seite 188: Dies alcyonides: Multiple mythologische Metapher, die hier zusätzlich noch mit dem ontologischen Geheimnis des Eisvogels spielt: Tag des Eisvogels.

Seite 190: Carolin Eidner: I.Q. Test. New dimension of happiness. Boutique. Raum für temporäre Kunst. Köln, Ebertplatzstraße, vom 8. bis 21. Dezember 2012.

Seite 196: Freie Nachdichtung einer Strophe eines Gedichtes von Jessenin aus dem Jahr 1925. Ins Deutsche gesetzt auch von Rainer Kirsch, in: Jessenin, Sergej: *Gedichte*. Russisch und deutsch. Leipzig 1981, S. 209.

Seite 197: Friedrich Nietzsche an Malwida von Meysenbug, vom 24. September 1886, in: Nietzsche Briefwechsel. Kritische Gesamtausgabe, Bd. III/3. Berlin, New York 1982, S. 256–258, hier 258.

Seite 198: Der Schlussvers in der letzten Strophe spielt mit Friedrich Nietzsches Ohrenmetapher.

Seite 229: Nunc dimittis: Nun lässt du [Herr, deinen Knecht …]. Anfang des Lobgesanges des Simon. Gaudete!: Freut euch!

Seite 233: Immaculata (conceptio): Unbefleckte (Empfängnis).

Inhalt

Anke und Reinhard Buthmann: Sonnenaugen himmelwärts. 99 religiöse Gedichte

Ihr beider berufliches Herkommen, bei Anke Buthmann die harte Schule der Ökonomie und bei Reinhard Buthmann die der Technik- und Naturwissenschaften, verrät rein gar nichts über ihre bereits zu Jugendzeiten entfachte Vorliebe für die schöngeistige, gehobene Literatur. So führte letztlich Gottes verborgenes Wirken zu diesem in dieser Edition wechselseitig vorgetragenen Duett in sieben poetischen Klangzyklen. Ein Buch, das laut gelesen werden will.

AZUR Verlag, Wildflecken 2020, ISBN 978-3-429-05876-0

Reinhard Buthmann: Sonnenfrost
Gedichte

Der innere Monolog entfaltet Wahrheit. Er trägt das Stigma
der Authentizität, gehorcht der Stille und öffnet das Ohr hin
auf Gott. Die Dichtkunst verträgt keine Runden Tische, keine
mainstreamgerechten Wort-Installationen, denn sie lechzt
nach ihrem ureigenen Ton.

Echter Verlag, Würzburg 2023, ISBN 978-3-429-05876-0

Reinhard Buthmann: Ausgesetzt! Politische Gedichte vor und nach der Wiedervereinigung

Reinhard Buthmann

Ausgesetzt!

Politische Gedichte vor und nach der Wiedervereinigung

Ausgesetzt? Freilich ist er ausgesetzt, der Dichter, wenn er den Mächtigen nicht in den Sprachvorgaben artig folgt wie weiland in der DDR, im sogenannten Ostblock, und überhaupt in vielen Ländern, damals, heute und morgen. Wenn er nicht dem ideologisch kontaminierten Neusprech das Wort redet wie im heutigen Deutschland, wo Cancel Culture, Gender-Mainstreaming und Wokeness wie ein Pesthauch den Menschen manipulieren, sprachlich irritieren und schlussendlich amputieren. Wenn er nicht „unserer" Freiheit und „unserer" Demokratie, sondern einer eigenen Freiheits- und Demokratieauffassung folgt, sei sie auch noch so humanistisch geprägt und verfassungsgemäß abgesichert. Wenn er also, der Dichter, nicht folgsam ist, dann bekommt er keine Anfragen, Preise und Stipendien, keine Gastprofessuren. Für ihn wirbeln keine Trommeln, stehen Applaudeure nicht stramm und Laudatoren nicht Schlange.

BoD, Norderstedt 2024, ISBN 978-3-7583-2835-0